本书系国家自然科学基金青年项目"创业生态系统下大学生创业成功机制与激励政策研究（No：72202222）"、北京市社会科学基金项目"价值共创视角下知识付费平台演化机制和发展模式研究（No：19GLC077）"研究成果

光明社科文库
GUANGMING DAILY PRESS:
A SOCIAL SCIENCE SERIES

·经济与管理书系·

移动音频平台价值共创发展模式与演化机制研究

赵 丹 | 著

光明日报出版社

图书在版编目（CIP）数据

移动音频平台价值共创发展模式与演化机制研究 / 赵丹著. -- 北京：光明日报出版社，2024.3

ISBN 978-7-5194-7512-3

Ⅰ.①移… Ⅱ.①赵… Ⅲ.①互联网络—信息服务业—商业模式—研究 Ⅳ.①F490.6

中国国家版本馆 CIP 数据核字（2023）第 185282 号

移动音频平台价值共创发展模式与演化机制研究
YIDONG YINPIN PINGTAI JIAZHI GONGCHUANG FAZHAN MOSHI YU YANHUA JIZHI YANJIU

著　　者：赵　丹	
责任编辑：史　宁　陈永娟	责任校对：许　怡　贾　丹
封面设计：中联华文	责任印制：曹　净

出版发行：光明日报出版社

地　　址：北京市西城区永安路 106 号，100050

电　　话：010-63169890（咨询），010-63131930（邮购）

传　　真：010-63131930

网　　址：http://book.gmw.cn

E - mail：gmrbcbs@gmw.cn

法律顾问：北京市兰台律师事务所龚柳方律师

印　　刷：三河市华东印刷有限公司

装　　订：三河市华东印刷有限公司

本书如有破损、缺页、装订错误，请与本社联系调换，电话：010-63131930

开　　本：170mm×240mm	
字　　数：154 千字	印　　张：11.5
版　　次：2024 年 3 月第 1 版	印　　次：2024 年 3 月第 1 次印刷
书　　号：ISBN 978-7-5194-7512-3	
定　　价：85.00 元	

版权所有　翻印必究

前　言

当前，随着互联网知识经济的持续演进，知识付费企业的外部环境发生了深刻而复杂的变化，在人们精神文化需求日益增长的背景下，全社会对知识付费的接受程度在逐步加深，用户消费习惯已经养成，由于受教育程度、在线学习意愿、可支配收入等多方面快速提升，庞大的用户基础成为知识付费企业发展的重要前提条件。同时，互联网信息技术突飞猛进的发展，国内知识付费市场需求的持续增长，使众多用户可以在低成本、广覆盖、强交互性等技术环境中，逐步成为与知识付费企业共同发展的主播，为平台型企业与不同层次的用户开展价值共创提供了基础。

目前，喜马拉雅FM、蜻蜓FM、知乎、得到、十点读书等大型移动音频平台已经逐步成熟，涌现出了吴晓波、马未都、罗振宇、蒋勋等一大批成功的音频主播，还有"大头侃人""雷鸣拍案""杜宇有话说""西游记少儿版""中华上下五千年""凯叔讲故事"等一大批优秀的知识付费内容产品，赢得了不同年龄段用户的喜爱。在此基础上，知识付费产品类型化、精品化、差异化的趋势更加明显，"优质内容"依然是知识付费企业发展的核心基础。但现阶段，整个行业仍处于发展阶段，还面临着知识付费内容供需失衡、版权保护不完善、内容价值变现困难、商业模式不成熟等现实问题。在庞大的市场规模下，各平台需要大量的优质音频内容满足消费者对高质量、多元化知识产品的需求，进而获得更大的市场价值和社会效益。尽管现有研究从价值共创和服务主导逻辑视角强调了平台型企业与消费者开展价值创造的过程，但针对知识付费企业发展模式的探讨不足，还需要进一步探索企业与消费者进行内容传播和合作互动，借助关键意见领袖（Key Opinion Leader）和平民中心主播进行价值共创的管理机制。因此，迫切需要对知识付费平台协同演化机制、内容生产模式、营销创新管理的路径策略进行系统性研究，尤其要对平台与主播、消费者协同演化模式，企业动态能力、资源交互情况等进行深入研究。本书不但有助于提升互联网时代知识经济发展的效率效果，还将为知识付费企业资源对接、内容创新、版权保护、盈利变现等方面可持续发展提供启示和参考依据。

本书以国内主要的知识付费头部企业作为案例分析的研究对象，综合运用文献梳理、案例研究、实证研究等方法，充分重视平台、主播、普通消费者之间的共创和互动关系，深入挖掘知识付费平台的价值共创发展模式，重点探讨关键意见领袖主播与平民中心主播不同的动态能力和协同演化路径，对以下5个主要问题展开系统研究，形成了阶段性成果和研究报告。

第一，综述价值共创研究的理论脉络、研究热点和发展趋势。本书基于2004—2021年国外价值共创研究文献，采用文献计量方法，运用CiteSpace可视化分析软件绘制知识图谱，通过共现分析、共被引分析、聚类等手段，厘清了各国研究机构、核心期刊等对价值共创领域的贡献。现阶段价值共创理论体系日趋成熟，各主题之间交叉渗透，形成了较为完善的研究网络。在此基础上，本书归纳了价值共创领域的研究重点，从横向、纵向两个角度，归纳了价值共创的前因、实施、结果和情境因素，从个人、组织、行业、社会等不同层面研究了互动参与的形式和价值传递过程，并对核心作者、关键文献、研究热点进行了述评，总结了价值共创发展各阶段、各方向的研究重点，为针对知识付费平台的价值共创研究提供了方向和建议。

第二，移动音频行业发展现状和商业模式特征研究。通过文献研究和实地调研，对以移动音频平台为代表的知识付费平台的基本内涵、典型特征、主要类型进行探索，分析移动音频行业的内容生产模式、产业链模式和竞争格局，对平台盈利模式和营销模式等方面展开研究。对当前知识付费平台的发展现状、影响因素、竞争环境、盈利模式等进行全方位研究，从产业生态和利益相关者等多方面，归纳总结出我国当前知识付费平台基本分类和发展模式。主要研究内容包括：提出移动音频产品的四种基本特征；指出内容生产趋势以 UGC 和 PGC 模式交错发展为主，且不同平台各有侧重；行业竞争呈现强者愈强的"马太效应"；移动音频平台的盈利模式包括精品付费栏目、会员付费、音频广告、电商和智能场景等；重点分析了热点营销、社群营销的运营模式，为进一步探讨知识付费平台价值共创机制，提供数据和信息支撑。

第三，典型的移动音频平台价值共创机制和作用机制研究。移动音频企业是最具代表性的知识付费企业，本书运用案例分析的方法，根据现有理论构建研究框架，根据现有案例制定研究策略，结合市场现状，选取喜马拉雅FM、蜻蜓FM两家典型平台企业进行深度调查，对企业管理者和一线主播进行深度访谈，在扎根理论、数据编码与分析的基础上，从价值共创视角探讨知识付费平台从单纯的内容提供到与消费者协同作用的发展过程，重点分析知识付费平台与消费者之间的资源交互关系和互动合作的演化机制。强调平台、特殊消费者、普通消费者三者之间的特征和关系研究，不断进行"数据→关系→框架"的迭代步骤。研究发现，企业与主播拥有的互补性异质资源是推动价值共创合作的资源基础，企业与消费者合作演化形成的协同演化动态能力是推动价值共创合作的能力基础，并对多主体之间的关系和功能作用进行详细描述。

第四，知识付费平台与关键意见领袖、平民中心主播协同演化路径研究。依据现有研究结论，界定知识付费平台中的关键意见领袖和平民中心的概念和特征。依据典型性原则和理论抽样原则，面向平台企业管理者、平台主播、消费者等各类利益相关者进行大量半结构化深度访谈和追踪调查，掌握平台与关键意见领袖主播之间、平台与平民中心主播之间协同演化的路径和机制，从识别资源、整合资源、筛选资源、共享资源、对接资源等能力构成，重点分析平台与两类特殊消费者之间协同演化机制的特征、优势和不足，归纳形成两种类型的协同演化路径，找出知识付费平台不同价值共创模式下的共性和差异。通过对归纳关系和研究框架进行分析和解释，我们发现两家案例企业在主播合作互动、协同演化方面的价值共创特征非常显著，这也是进一步构建营销体系，促进知识付费平台创造更多个性化服务价值，实现可持续发展的重要基石。

第五，推进移动音频平台价值共创效率和营销能力的对策思路。通过理论分析和经验考察，结合移动音频平台的产业环境和市场动态，提出知识付费平台优化经营模式、筛选培养关键意见领袖主播和平民中心主播的具体策略，阐述知识付费平台在价值共创过程中资源基础建设、动态能力发展、路径选择和营销管理方面的改进思路，尤其是平台与消费者共同提升营销能力和协同演化能力的对策，强化服务主导逻辑下知识付费企业与主播的价值共创理论研究，促进平台提升数字内容产品运营效率，深化和推进平台的管理升级实践，为知识付费企业和自媒体创业者提供经验借鉴，帮助知识付费平台实现高质量发展。

综上所述，本书重点对知识付费平台与主播、普通消费者合作进行内容创新的价值共创模式开展了理论探讨，丰富和深化了互联网环境下企业促进销售、提高用户黏性、加强版权保护的策略和方法，研究结论对于知识付费企业内容生产、营销转型等实践具有启发和指导意义。

目　录
CONTENTS

第一章　绪论 ………………………………………………………… 1
　第一节　研究背景 ………………………………………………… 1
　第二节　研究意义 ………………………………………………… 12
　第三节　研究框架与内容 ………………………………………… 14
　第四节　研究方法及技术路线 …………………………………… 16

第二章　文献综述与理论框架 ……………………………………… 20
　第一节　企业与消费者交易模式的演进研究 …………………… 20
　第二节　价值共创理论及其发展脉络研究 ……………………… 22
　第三节　服务主导逻辑下的价值共创研究 ……………………… 41
　第四节　平台价值研究 …………………………………………… 44
　第五节　参与价值共创特殊消费者的相关研究 ………………… 47
　第六节　企业动态能力理论研究 ………………………………… 52
　第七节　本章小结 ………………………………………………… 58

第三章　移动音频行业发展现状和商业模式特征研究 …………… 60
　第一节　知识付费产品和移动音频产品的概念界定 …………… 60

第二节　移动音频产品的特征和类型 …………………… 63
　　第三节　移动音频行业的内容生产和产业链模式 ………… 69
　　第四节　移动音频平台盈利模式和营销模式 ……………… 73
　　第五节　本章小结 …………………………………………… 82

第四章　研究方法 ……………………………………………… 84
　　第一节　方法选择 …………………………………………… 84
　　第二节　样本选择 …………………………………………… 85
　　第三节　数据收集 …………………………………………… 91
　　第四节　数据编码和分析 …………………………………… 94

第五章　喜马拉雅 FM 音频平台与主播价值共创机制研究 …… 97
　　第一节　数据分析 …………………………………………… 98
　　第二节　理论模型阐释 ……………………………………… 102
　　第三节　本章小结 …………………………………………… 106

第六章　蜻蜓 FM 音频平台与主播价值共创机制研究 ………… 108
　　第一节　价值主张 …………………………………………… 109
　　第二节　消费者转化 ………………………………………… 111
　　第三节　内容生产 …………………………………………… 115
　　第四节　内容运营 …………………………………………… 122
　　第五节　主播培育 …………………………………………… 127
　　第六节　价值创造 …………………………………………… 131
　　第七节　粉丝互动 …………………………………………… 137
　　第八节　价值共创机制的典型现象 ………………………… 141

第七章　移动音频平台与主播协同演化机制研究 …………… 144
第一节　主播意见领袖和平民中心的概念界定 …………… 144
第二节　移动音频平台意见领袖类主播与平台协同演化机制 …… 146
第三节　移动音频平台和平民中心与协同演化机制 ………… 152

第八章　加强音频平台价值共创和营销能力的对策研究 ………… 159
第一节　音频平台协同演化动态能力和价值共创模式机制 …… 159
第二节　价值共创模式下音频平台加强营销能力研究 ………… 161

第九章　结论与研究展望 …………………………………… 167
第一节　主要结论 ………………………………………… 167
第二节　理论贡献 ………………………………………… 168
第三节　实践意义 ………………………………………… 170
第四节　局限与未来研究展望 …………………………… 171

第一章

绪论

第一节 研究背景

党的二十大报告中指出,"科技是第一生产力、人才是第一资源、创新是第一动力"。党的十九届五中全会审议通过的《中共中央关于制定国民经济和社会发展第十四个五年规划和二〇三五年远景目标的建议》提出,"推进媒体深度融合,实施全媒体传播工程,做强新型主流媒体"。伴随着媒体融合和平台经济的纵深化发展,以移动音频平台为代表的知识付费平台的快速崛起,很大程度上刺激了消费者的参与性、能动性和创造性,并且已经成为对社会化知识资源进行有效配置,促进知识传播最大化和价值最优化的重要主体。

2016年被称为"知识付费"元年。互联网移动音频平台提供的"阅读服务"和以音视频为代表的数字内容产品,共同推动"耳朵经济"的繁荣发展。国家信息中心发布的《中国共享经济发展报告(2023)》指出,2022年我国共享经济市场交易规模达到38320亿元,同比增长约3.9%。市场规模日益扩大,增速明显。知识付费平台通过开放性的结构,使综合类、垂直类等内容在信息格式上进一步拓展了全息媒体的边界,不断提高社群交互和网络知识市场的运营效率,体现了内容资源、人力资源、关系资源、场景资源的聚合发展，引领形成了互联网和传媒行业高质量发展的新动能、新业态、新模式。消费者对于文化产品服务需求日益增强，加之知识快速迭代、知识和技能要求提升，阅读动机呈现出多元化趋势。因此，知识付费平台具有广阔的发展前景，既能推动社会资源互联共享，也能展现内容产品承载的多层次，多维度人文价值、经济价值和社会价值，共同构建了全场景化的传媒生态格局。

国家政策高度关注以音视频内容为主体的网络市场发展，行业发展也迎来了难得的机遇期。2020年，国家互联网信息办公室、文化和旅游部、国家广播电视总局联合发布《网络音视频信息服务管理规定》，旨在促进网络音视频信息服务健康有序发展，为行业健康发展和数字内容变现提供参考依据。然而，在知识经济迅猛发展的背景下，知识付费市场中却出现了内容同质化、转录模仿、违规抄袭等侵权行为，原创内容在网络交易平台、贴吧、微信公众号中被侵权传播等现象，打击内容提供者的创作动力，对知识市场的良性发展造成了不利影响。国家立即开展"剑网"专项行动，明确打击网络侵权盗版，综合整治侵权盗版现象，为移动音频行业的发展提供了保障，有效解决了音视频内容版权侵害带来的问题。移动音频平台的内容和管理创新成为未来制胜的关键。为了进一步激励平台内容创新能力，解决知识付费领域的供需失衡、内容价值、商业模式等现实问题，现阶段迫切需要研究移动音频平台与内容提供者互动合作机制，优化知识付费内容创作、交易环境和资源配置，充分尊重主播群体和内容提供者，使更多消费者享受到内容交易、信息传播带来的益处，完善市场体制机制，促进平台与主播、消费者之间价值共创模式的优化和可持续发展。

随着共享经济的发展，居民文化消费需求愈加旺盛，知识付费领域的发展方向也越来越清晰，通过理念、内容、形式、方法、手段等制度优势和商业模式创新，将进一步促进传媒企业与主播群体等互利共赢、协同演进。在经济发展以"内循环"为主的背景下，数字经济、社群经济、新型消费都是传媒产业未来发展的"蓝海"，必须筑牢文化根基，坚持文化使命，促进知识付费产业与媒体融合、创新驱动等国家发展战略的协同发展。

一、产业发展：用户需求的扩大和互联网技术的应用

数字化变革极大地促进了传媒行业的市场发展。中国互联网络信息中心（CNNIC）公开发布的第52次《中国互联网络发展状况统计报告》数据显示，截至2023年6月，我国网民规模达10.79亿人，互联网普及率达76.4%。其中，手机网民规模为10.76亿人，庞大的网民数量成了知识付费行业发展的基础，见图1-1、图1-2。《2023中国网络视听发展研究报告》显示，我国网络视听用户规模达到10.4亿，已经超过即时通信成为第一大互联网应用。在政策、经济、技术、社会需求多种因素共同推动下，大众对知识付费的接受度和认可度不断提升，对文化产品的付费意愿也在增强，各个年龄层的用户对文娱类内容产品的需求逐步增大，随着移动音频平台服务和消费者体验的日渐提升与优化，用户付费求知和在线学习的习惯已经养成，产业规模将进一步扩大，付费订阅成为趋势，自媒体创作也频频涌现出代表案例。[1]

---

[1] 艾媒咨询. 2023年中国知识付费行业现况及发展前景报告［R/OL］. 艾媒咨询集团官网，2023-03-27.

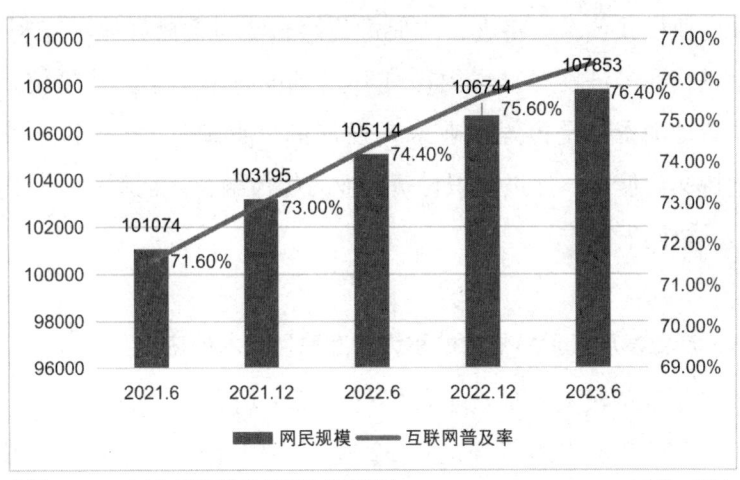

来源：CNNIC中国互联网络发展状况统计调查　　　　　　　　　　单位：万人

图 1-1　网民规模和互联网普及率

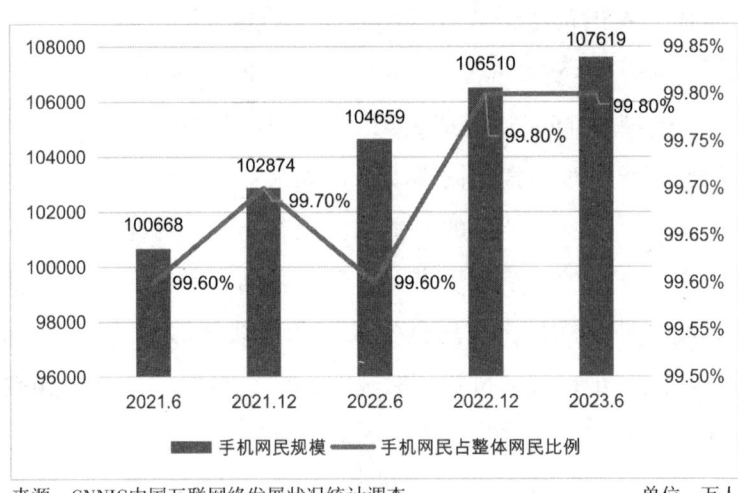

来源：CNNIC中国互联网络发展状况统计调查　　　　　　　　　　单位：万人

图 1-2　手机网民规模及其占整体网民比例

　　新知识经济和消费升级的崛起，信息技术和媒体的深度融合，改变了传统的视听内容生产模式和知识传播路径，重构了知识付费领域的内容生产、制作和传播方式，数字技术极大地丰富了知识付费企业的内容制作、节目形态、传播手段、互动参与等方式，带来了颠覆性的生产和交易变革。社会性的知识焦虑使用户的"在线学习""终身学习"成为一种自发行为，基于消费者主动学习和购买知识产品的旺盛需求，为其提供专业化的知识和技能内容产品，成了知识付费企业的普遍使命和目标。在需求方，消费者接收知识内容的动机较强，学习和文娱消费意愿强烈，面对海量信息的选择困难和焦虑，他们愿意投入时间、精力、费用，借助先进的网络支付手段和丰富的内容平台，获取高品质专业性的知识，这是内容生产、制作和交易的重要驱动因素。在供给方，在线知识付费行业向用户提供的内容丰富，不但有理论性比较强的专业化垂直类知识，也有实战性的应用类知识。不同于传统的知识传递方式，知识付费产品大多以碎片化的形式向消费者提供品牌化和体系化的内容，产品具有一定的互动性或定制性，最大限度地满足消费者个性化学习的需求。因而，"知识付费""知识共享"成为用户选择优质内容产品的普遍做法，他们可以随时随地享受轻量化的内容产品和知识服务，选择也更加多元。因此，以知识付费平台为核心的传媒生态正在逐步成熟化，行业迅速崛起，已经形成"互联网+"发展的新业态、新模式，"耳朵经济"将成为未来互联网市场的爆发点。要求我们进一步从媒介内容功能建设和音频平台管理上，对平台的特征、优势、机遇等进行分析和总结，做好政策、理论、版权保护、管理实践等方面的准备，这对知识付费行业的未来发展具有重要意义。

二、竞争环境：头部企业引领知识付费领域创新

在数字经济背景下，平台化发展已经成为传媒行业高质量发展的新动能，平台型企业的竞争更加激烈，为人们的生产生活带来了突破性的变革。平台向共享性、互动性、连接性、生态性方向发展的趋势更加明显，通过大数据技术对庞大的用户收听和行为数据进行分析，不仅可以推动产品研发模式创新，还能提高产品研发质量，有利于构建知识付费

企业的动态能力（Johnson et al.，2017）。从市场表现来看，众多的知识付费平台实现了高速发展，喜马拉雅FM、蜻蜓FM、荔枝FM、知乎、得到、樊登读书会、酷我畅听、36氪等一批代表性企业通过创新发展模式和推广付费产品得到了海量用户的认可，从早期的视频、音乐等内容付费产品逐步发展为以音频类为主，以文字、视频类为辅的知识付费产品[1]，产品类型化、精品化、差异化趋势更加明显。知识付费企业呈现出各具特色的经营路径和发展模式，成为移动传播时代不可忽视的重要力量之一。知识付费平台在传统内容生产模式和营销模式的基础上，正在向企业与特殊消费者、特殊消费者与普通消费者深度互动交流的商业模式转变，积聚了一大批富有原创能力且具有个人特色的主播群体，企业与主播、消费者的互动合作方式更加复杂多样，消费者的市场选择、参与运作、互动沟通的权利逐步增强，"以用户为中心"逐步成为知识付费产业发展和转型的核心理念。在网络社会中，平台能够降低搜寻和交易成本，尽可能地减少供需双方的信息不对称，通过各交易主体之间的交互方式、交易过程、交流机制，带给消费者更丰富的消费体验，增进消费者的权益福利；消费者也不再是价值链的终端环节，消费者的意见参与、市场选择、产品购买能力更强。借助于大数据技术的快速发展，平台对消费者浏览行为、需求意愿、购买偏好的调查分析更加精准，消费者参与企业运作的程度也日益加深。[2] 知识付费平台供给侧和需求侧的双边用户之间的沟通联系更加紧密，平台通过提供免费的优质作品吸引用户关注，再推送和提供制作精良的付费内容作品增强知识服务的精准度，大大提升信息流动和资源配置的效率，企业与消费者合作的模式将更具竞争力和创新性，也将成为平台型企业的运营新常态。

---

[1] 喻国明，郭超凯. 线上知识付费：主要类型、形态架构与发展模式[J]. 编辑学刊，2017（5）：6-11.

[2] HOWELLS G. The Potential and Limits of Consumer Empowerment by Information[J]. Journal of Law & Society, 2005, 32（3）：349-370.

可见，发现用户、吸引用户、研究用户、留住用户、与用户一起成长，成为知识付费行业媒体融合发展和升级转型的关键问题。

三、产品迭代：满足消费者对高质量内容的需求

近年来，匠心精制的制作理念得到了知识付费行业的认可和落实，内容产品的质量大幅提升。在优质内容的支撑下，音视频产品已经成为网民较为熟悉的内容形式和主力消费商品。经济社会和文化产业的发展，不断满足着人民对美好生活的向往，随着人均可支配收入的增加，人们在教育、文化、娱乐方面的支出所占比重显著上升，为释放知识需求提供了经济基础和购买力支撑。第19次全国国民阅读调查报告显示，视频讲书成为新的阅读选择，选择移动有声APP平台听书的国民比例为17.9%，充分表明知识付费行业已经逐步走向大众化，市场前景广阔。2023年，知识付费在线消费增速可能放缓，但线下知识付费市场有望迎来新机遇，在内容供给端，平民IP崛起的趋势更加显著[1]，国内用户对知识付费产品消费意愿强烈，支出水平普遍较高。艾媒咨询数据统计显示，知识付费行业将进入稳定持续发展阶段，预计2025年，知识付费用户规模有望达到6.4亿人。知识付费市场内容产品形态丰富，包括视频、音频、直播、图文等多种内容形式，不断扩大市场发展的可能性，行业逐步迈向产业化，尤其是新冠疫情加速推动了从个体、企业到政府全方位的社会数字化转型浪潮[2]，知识付费作为顺应线上消费升级趋势、技术创新、商业模式创新的新业态，成为人们普遍接受的消费模式。在新冠疫情防控期间，网民个体更倾向于使用和购买互联网内容产品，消费者的上网意愿、移动支付习惯、接受度、认可度不断提升，使知识付费交

---

[1] 艾媒报告.2023年中国知识付费行业现况及发展前景报告[R/OL].艾媒咨询集团官网，2023-03-27.
[2] 中国互联网络信息中心.第47次中国互联网络发展现状统计报告[R/OL].中国互联网络信息中心官网，2021-02-03.

易成为普遍现象。不同模式的知识付费平台在市场上迅猛发展，在线交易、在线教育、内容共享、知识服务等线上运营加速推进，在很大程度上降低了消费者的搜寻和交易成本，各类免费内容节目既满足了用户需求，方便用户居家学习，又增进了用户福利，加速推广在线学习，推进付费内容和栏目的推广，移动音频平台的内容结构和功能架构不断完善。可见，经济增长、人口红利、科技进步、消费结构转型合力推动着知识付费行业变迁，网民用户已经实现了从概念导入到形成消费习惯，利用以数字化网络音频内容为主体的平台已经成为众多网民提升自身修养、素质和能力的重要形式，沉浸式、伴随性、轻量化的内容产品特征能够适应消费者高效率获取知识的需求，用户可以采取付费的方式获得常规渠道或免费渠道难以获取的信息和知识服务，提高在海量信息中筛选优质知识服务的效率，不断激发自我发展的内生动力。消费者对优质内容的需求和知识产权意识的提升，将进一步刺激知识付费平台完善业务，个人和企业持续的数字化转型正在成为全社会应对不确定性外部环境的重要方式。未来，知识付费内容产品还将在保障社会运行、发展数字经济、推广在线教育、推动抗疫合作、开展网络扶贫扶智、促进中华文化"走出去"等方面，发挥更大作用。

四、技术升级：拓展分发渠道和场景领域

随着人工智能、5G等技术的发展，互联网整体运行速度提升，内容产品的上传速度和下载速度快速提升，音视频的传输质量和稳定性得到显著改善，丰富了知识传播媒介和渠道，提升了知识传播速度和触达率，减少了消费者寻找和获取优质信息资源的时间成本。正如麦克卢汉在《理解媒介：论人的延伸》中指出，电子媒介对现存社会形式造成冲击，最重要的原因是速度和断裂。[①] 在先进技术的支撑下，移动支付

---

① 麦克卢汉. 理解媒介：论人的延伸 [M]. 何道宽，译. 北京：商务印书馆，2009：28.

习惯的普及和网络支付渠道的成熟，使定时播放、断点续听、倍速播放、界面弹幕、语音搜索等成为音频平台必备的基本功能，让平台提供服务的可得性和体验性极大提升，为用户的数字内容消费进一步提供便利，推动数字经济发展。技术创新使各类平台的商业模式和消费生态发生了改变，声音存储和信息传播方式以动态化的形式呈现，以移动音频为代表的知识付费企业供求双方架起了桥梁，使人们可以利用碎片化的时间进行在线学习，随时分享个人创作的知识产品，知识的供给和需求都很旺盛，为市场主体、消费主体的共生共赢提供了全新的消费场景和体验。在全场景营销战略的推动下，收听设备呈现多样化发展趋势，在核心群体之外，突破家庭场景，渗透到日常生活的各个场景当中，从平板电脑、PC端到手机、汽车智能设备、智能音箱、智能手表等，"互联网+智能设备"将成为移动音频领域战略发展的基础，实现更大范围的战略发展，见图1-3、图1-4。在内容生态建设的战略背景下，全场景化的内容分发和营销模式将逐步成为可能，人们的收听场景变得更加多元化和细分化。

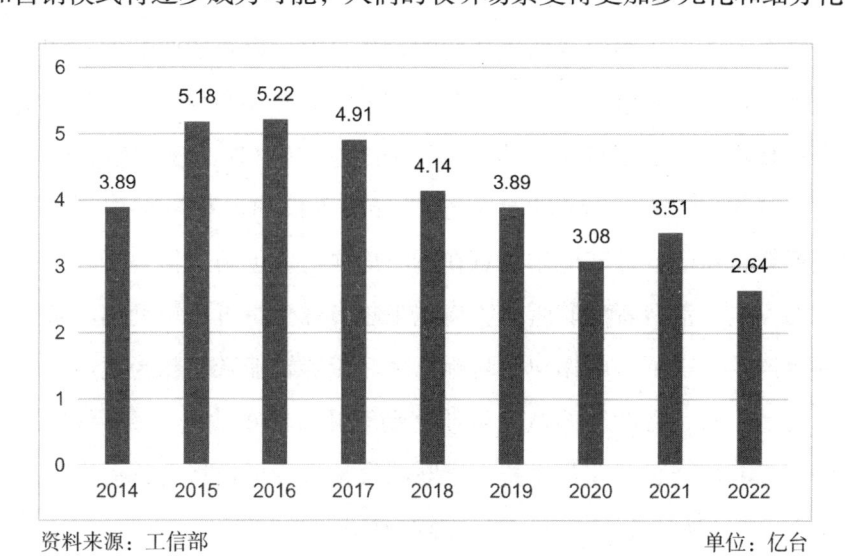

资料来源：工信部　　　　　　　　　　　　　　　　　　　　单位：亿台

图1-3　2014—2022年中国智能手机出货量

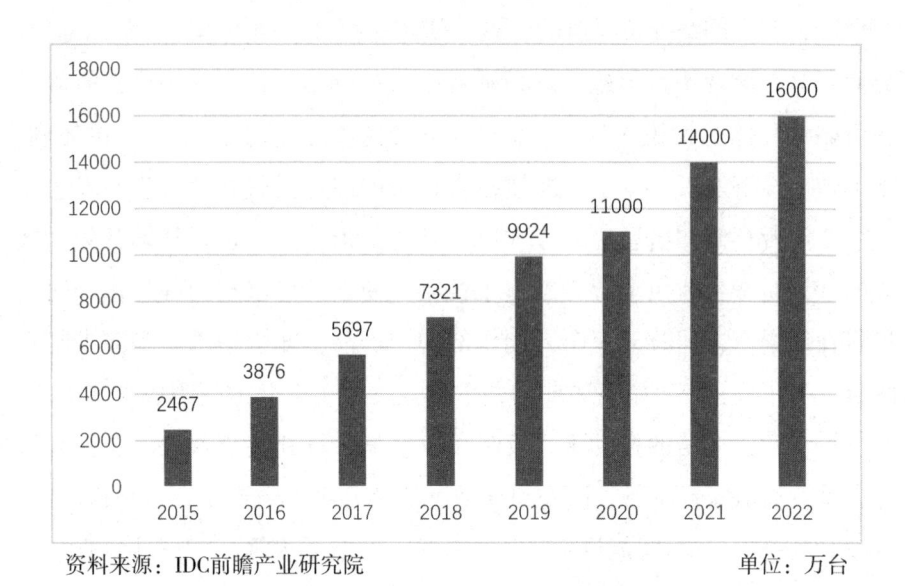

```
          18000
                                                                              16000
          16000
                                                                       14000
          14000
                                                                11000
          12000
                                                         9924
          10000

           8000                                   7321
                                           5697
           6000
                                   3876
           4000          2467
           2000

              0
                2015    2016    2017    2018    2019    2020    2021    2022
```

资料来源：IDC前瞻产业研究院　　　　　　　　　　　　　　　　单位：万台

图 1-4　2015—2022 年中国可穿戴设备出货量

以智能音箱为例，根据市场研究机构 Canalys 的预测，由于全球消费者对于智能家居和语音助手功能的持续需求，以及新产品创新和升级的推动，智能音箱市场（含智能屏）仍将保持稳定的增长。[①] 在疫情防控平稳转段后，中国本土的智能音箱出货量以 16% 的速度领先于其他国家地区 3% 的增长，到 2024 年全球智能音箱的保有量将达到 6.4 亿台。智能音箱的设计和应用场景在不断地改进和创新，得益于人工智能技术的发展，消费者的聆听体验将越来越多样化，可以帮助移动音频企业内容产品覆盖更多的用户和目标群体。带屏智能音箱已经逐步成为行业的发展趋势，智能屏的植入将使移动音频市场的内容服务更加丰富。此外，智能家居、可穿戴设备、车联网设备的发展也将为移动音频平台的生态合作和流量拓展，提供更广阔的场景空间。

---

① 科纳仕市场研究公司. 全球智能音箱市场预测报告［R/OL］. 科纳仕市场研究公司官网，2020-10-25.

实践中，数字化时代，知识付费企业商业模式创新成为传媒领域最重要的发展方式之一，很多移动音频企业对热搜榜、排行榜、定向推送、个性推荐、相似推荐、社群营销、互动营销、口碑营销等营销转型策略进行了探索，加之知识付费领域已经积累了相当多有影响力的关键意见领袖和头部主播，未来发展潜力巨大。然而，知识付费企业要实现从传统内容生产方式向数据驱动内容生产和互动营销的转型升级，仍面临着内容创作惯性思维、原创力不足、行业价值链使大数据无法发挥作用等问题，为了顺应市场需求，获得更高的知识付费市场价值，迫切需要探索行之有效的，对平台演化机制、内容生产模式和营销创新系统进行研究的方法与策略。如何增强企业与主播、主播与消费者之间的互动效果，完善协同合作机制；如何借助粉丝效应和口碑效应为平台引流，提高内容产品变现能力；如何强化消费者的聆听和使用体验，提高消费者参与的有效性，增强消费者黏性和忠诚度，都将成为知识付费企业普遍关注的重点问题，需要我们加以研究并解决。此外，企业还需要在内容产品的细分化，原创内容产品的研发，主播群体的筛选和培育，平台盈利和商业变现能力等方面，进一步挖掘和释放企业活力。

综上所述，数字经济的发展和商业环境的变化，使知识付费行业在多年高速成长之后，需要重新审视管理情境，要科学把握数字内容产品生产和传媒企业现代化治理的总体要求，重新理解企业、用户和利益相关者之间的互动关系。充分发挥企业和平台优势，探索企业与用户合作共创价值的商业模式，用互联网思维打造更高品质的内容生产和互动分享消费场景。在此背景下，运用价值共创和服务主导逻辑理论，从平台内部治理的角度，对知识付费平台与主播、消费者协同演化机制和发展模式进行系统研究与案例阐释，不但有助于提升互联网时代知识共享传播的效率效果，也将为数字内容资源的创新和版权保护实践提供参考依据，稳步推进知识付费行业的高质量发展。

第二节 研究意义

一、理论意义

在研究内容方面，本书从价值共创的视角研究知识付费平台的演化机制和商业模式，是对已有知识付费行业相关研究的补充和完善。基于服务主导逻辑和动态能力理论，本书探索了消费者参与知识付费平台价值共创的互动模式、内容生产、市场营销等机制，采用实证分析的方法，重点关注了知识付费平台与关键意见领袖主播、平民中心主播两者之间协同演化实现价值共创的过程路径，分析了资源交互和能力演化机制，阐述了各阶段平台与两类特殊消费者之间的合作互动模式，研究了知识付费平台与消费者协同创新能力的提升路径，建立了知识付费平台价值共创演化机制和发展模式分析的理论框架，将价值共创理论中企业与消费者之间交互作用、协同发展的思想融入知识付费平台的动态能力研究中，丰富了价值共创理论与企业动态能力实践相结合的研究成果。

在研究方法方面，本书对知识付费平台中标杆企业和关键群体进行深度访谈、调查研究、现场观察和二手资料收集等，综合运用量化与质化分析方法，使数据的整理和分析更加翔实，既有对同一企业的纵向分析，也有对同类企业之间的对比研究，有助于发掘知识付费平台运营过程中的内部关键信息，有助于动态观察到价值共创的成果和趋势变化，进而形成系统完整的理论框架和研究成果。

二、实践意义

从实践层面来看，虽然以移动音频企业为代表的知识付费领域，颠覆了传统的知识共享模式，建立了相对完善的内容生产和盈利模式，但不容忽视的是，知识付费产品形式模板化、原创能力不足、侵权盗版频发、用户活跃度不够、知识生产群体素质参差不齐等问题日益突出，尤其各平台在运营模式上具有趋同化倾向，在产品内容和类型上具有同质化倾向。以"优质内容"和"市场需求"为导向的知识付费机制尚不完善，行业竞争激烈，产品可替代性强，制约了行业发展和内容产品的可持续增长，对企业价值共创、共享活动开展、知识产品价值变现造成了一定阻碍。平台如何进一步适应用户分散化、碎片化的线上阅读和听书习惯，成为知识付费产品创新和营销创新亟待解决的现实问题。

　　本书从选题开始即着眼于为我国知识付费企业的内部治理和营销转型提出解决方案，希望能够为平台管理者、一线员工、主播、消费者等进行业务转型升级和科学决策，为知识付费平台的健康发展和行业治理提供新的视角和思路。对价值共创和互动的重视，可以引导平台更好地创造企业与主播、主播与普通消费者之间互动合作的条件。研究知识付费企业价值共创的影响因素和合作关系，能够加深管理者对知识付费平台共创过程和协同演化机制的理解，揭示知识付费平台共创价值的关系构成和形成原因，进而指出知识付费平台如何根据内容产品特性和消费者需求，促进资源对接和共享，选择适合的互动合作模式和营销策略，为企业开展营销转型、创新内容生产模式提供解决方案。本书将从以下方面提出知识付费企业营销转型实现机制，即从资源整合利用的角度出发，帮助企业理解共创价值产生的过程和演化机制；从增强用户体验的角度出发，帮助平台促进企业与消费者共创价值的实现；从加强动态能力建设的角度出发，为平台制定科学有效的营销升级策略。针对知识付费领域反复出现的版权侵权等现实问题，从加强数字媒体内容资源的版权开发和保护角度，提出通过技术和管理完善版权保护方案的策略，进一步促进知识付费企业的内容产品品类多元化发展，进一步提高运营效率。这些研究对实现平台的转型升级，具有一定的实践指导意义。

第三节　研究框架与内容

本书基于价值共创和服务主导逻辑理论，以知识付费领域代表性企业的发展模式和营销实践为研究对象，从多个维度了解目前我国知识付费产业和商业模式的现状，通过理论探讨与实践剖析相结合，对现有平台、内容提供方（以主播为主）和消费者之间的资源交互和动态能力进行研究，对关键意见领袖主播和平民中心主播的合作共创机制进行探索性研究，探讨了企业与关键意见领袖协同演化、企业与平民中心协同演化这两种内容生产和营销转型路径的异同，进而推动形成知识付费平台发展模式和营销策略的具体方案、对策与建议。本书的具体研究内容如下。

第一章、第二章是理论基础和文献综述。介绍知识付费的定义和内涵，厘清关键概念和研究范围，科学界定知识付费平台和产品的边界。在此基础上，从价值共创视角，利用文献计量等方法，对服务主导逻辑理论、资源交换理论进行重点阐述，归纳各阶段的研究重点、理论体系、发展脉络等，重点分析知识付费领域的产品价值、平台价值，对参与价值共创特殊消费者的研究成果进行述评，从资源整合、资源交互、协同演化、动态能力等方面对服务主导逻辑理论进行归纳总结，为探讨知识付费平台价值共创机制提供理论支撑。

第三章对移动音频行业发展现状和商业模式特征进行研究。研究代表性知识付费平台的业务类型和产品形态，包括音频直播、在线问答、图文分享等，并对国内外知识付费平台在内容形态、付费模式，与消费者、内容提供方关系方面的发展趋势进行研究。系统分析知识付费平台管理运营的复杂性和特殊性，包括主体多元性、影响跨边性、边界动态性等特征。同时，对音频数字内容产品的特征进行分析，包括音频类产品的伴随性、代入性、情感性、延续性等特点，对当前知识付费平台的发展模式、付费交易方式、盈利模式、影响因素、竞争环境等进行调研，归纳总结出我国当前知识付费平台基本分类和发展模式，为探讨知识付费平台价值共创机制提供数据和信息支撑。

第四章、第五章、第六章对典型的知识付费平台价值共创机理和作用机制进行研究。系统介绍研究方法，结合市场现状和对业界专家的深度访谈，综合运用扎根方法、数据编码分析方法，总结归纳知识付费平台与消费者的交互关系和资源利用机制。选取综合类移动音频平台——喜马拉雅FM和蜻蜓FM作为案例分析的研究对象，对其进行深度调查。从价值共创视角，探讨知识付费平台从单纯的内容提供方到与消费者协同作用方的发展过程，强调平台、关键意见领袖、平民中心三者之间的特征和关系研究。通过对比各种类型发展模式背景下的平台价值共创关系，对多主体之间的关系进行详细的描述和分析，阐述音频类平台中的价值共创机理和作用机制。

第七章对移动音频平台与主播协同演化机制进行研究。依据现有研究结论，界定知识付费平台中的关键意见领袖主播和平民中心主播的概念和特征。针对不同类型的平台，依据典型性原则和理论抽样原则[1]，面向企业管理者、平台主播等各类利益相关者进行大量半结构化深度访谈和追踪调查，掌握平台与关键意见领袖主播（特殊消费者）之间、平台与平民中心主播（特殊消费者）之间协同演化的路径和机制，比较两种路径下提供的知识产品营销效果和效率的差异。从识别、筛选、共享、对接和培育五方面，分析平台与两类特殊消费者之

---

[1] EISENHARDT K M, GRAEBNER M E. Theory Building from Cases: Opportunities and Challenges [J]. Academy of Management Journal, 2007, 50 (1): 25-32.

间的价值共创协同演化机制，尤其是资源交互和动态能力发展模式，进而找出移动音频企业与特殊消费者演化过程中的优势和瓶颈，以此作为进一步构建营销体系，促进知识付费平台创造更多个性化服务价值和制定营销策略的基础。

第八章提出推进音频平台价值共创和营销能力的对策思路。通过理论分析和经验考察，针对知识付费平台在价值共创过程中路径选择和营销管理方面出现的问题，提出知识付费平台如何优化经营模式、如何筛选和培育特殊消费者（关键意见领袖主播和平民中心主播），平台如何与消费者共同提升动态能力等，进而得出知识付费企业提升价值共创效率和营销能力的实施对策与创新管理思路，促进知识付费企业持续增长，实现管理转型升级。

第九章为结论与展望。归纳总结本书研究结论，重点阐述理论贡献和创新点，对未来研究方向进行展望，明确后续需要研究的方向。

第四节 研究方法及技术路线

一、研究方法

本书主要采用以下五种研究方法。

（一）文献计量分析法

通过查找和梳理现有的国内外价值共创相关理论文献，梳理价值共创理论的发展脉络和研究进展，重点对服务主导逻辑下的价值共创研究进行归纳和总结，运用文献计量分析等方法，对相关研究问题进行系统的文献回顾，掌握价值共创和服务主导逻辑理论的前沿动态和发展趋势，为本书提供扎实的理论基础和实践借鉴，为本书理论模型的构建提供依据。

（二）案例研究法

案例研究适用于针对过程类和机理类问题进行研究[1]，侧重于通过管理过程描述，揭示平台型企业与消费者内部资源交互机制和协同能力作用过程[2]。依据典型性和代表性原则，选取不同的知识付费标杆企业作为案例研究的对象，两家企业均为行业头部企业，代表了行业管理实践的发展趋势，并且在与消费者沟通联系、培育主播、资源优化配置等方面积累了丰富的经验，有助于更好地研究知识付费企业、特殊消费者和普通消费者三者之间的互动关系，为探析平台选择与特殊消费者合作模式提供了高度契合的研究场景。

（三）定性研究法

由于知识付费平台的专业性和复杂性，研究对象拟选取10位左右对知识付费和新媒体营销领域非常熟悉的高管或在相关企业工作3年以上的中高层管理者，他们比较了解行业发展趋势和企业战略目标。同时，选取35位左右的关键意见领袖主播和平民中心主播进行半结构化的深度访谈，征集一线主播和工作人员对于平台与主播之间互动合作的看法。在访谈过程中，为确保访谈数据的有效性，保证同样的问题至少征询3位以上受访者的观点，进行交叉验证，形成质性资料库，对调查数据进行编码分析和扎根研究，通过不断进行数据缩减、数据整理分析、结论及验证三个阶段，归纳提炼出价值共创视角下知识付费平台的作用机制和发展模式特征。

（四）问卷调查法

本书主要通过深度访谈、专家问卷调查、现场观察、二手资料四种

---

[1] EISENHARDT K M. Building Theories from Case Study Research [J]. Academy of Management Review, 1989, 14 (4): 532-550.

[2] LI J T, KOZHIKODE R K. Knowledge Management and Innovation Strategy: The Challenge for Latecomers in Emerging Economies [J]. Asia Pacific Journal of Management, 2008, 25 (3): 429-450.

数据收集方法，围绕价值共创视角下的知识付费平台发展模式开展全面的调查研究，综合了解知识付费平台的商业模式、利益相关者、付费机制、分成方式等方面的现状。在访谈前，对管理者和主播开展问卷调查，了解基本情况和内容运营情况，进而调整访谈大纲，结合实际设计更加个性化的访谈提纲，提高案例分析的信度和效度，全面掌握管理者和主播情况，进而确定在价值共创过程中平台和消费者资源交互和能力演化过程机制。

（五）比较研究法

对知识付费平台不同类型的发展模式情况进行比较分析，对平台与关键意见领袖主播、平民中心主播两类特殊消费者之间的价值共创演化机制进行比较分析，通过数据与理论、发展模式和协同机制之间的共性和差异分析，确定知识付费平台价值共创实现机制理论框架。

二、技术路线

本书从价值共创理论、利益相关方理论、生态系统理论和双边市场理论出发，沿着"文献研究→方案设计→理论研究→调查研究→实证分析→专题研究→综合研究"的基本思路，结合管理学、情报学、新闻传播学等多学科交叉的理论与方法，综合运用案例分析法、问卷调查法、定性研究法等，面向知识付费企业管理者、特殊消费者、普通消费者、新媒体行业专业人士等开展大量深度访谈和专家调研，对知识付费平台的内容生产演化机制和发展模式进行尝试性探索，关注在价值共创视角下知识付费平台的发展现状、战略优势与不足之处，以期形成较为完善的知识付费平台价值共创机制、商业模式、营销策略、版权保护的解决方案和对策建议，系统呈现知识付费平台动态管理的机制，为企业的可持续发展提供创新方案和治理之道。本书的研究逻辑框架和技术路线见图1-5。

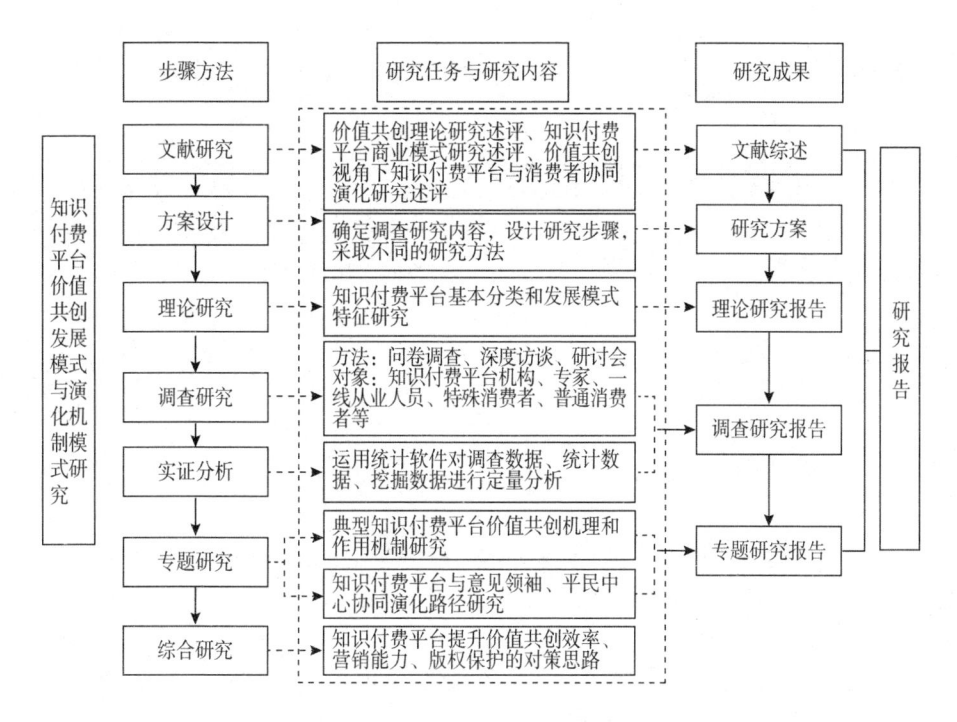

步骤方法	研究任务与研究内容	研究成果
文献研究	价值共创理论研究述评、知识付费平台商业模式研究述评、价值共创视角下知识付费平台与消费者协同演化研究述评	文献综述
方案设计	确定调查研究内容，设计研究步骤，采取不同的研究方法	研究方案
理论研究	知识付费平台基本分类和发展模式特征研究	理论研究报告
调查研究	方法：问卷调查、深度访谈、研讨会 对象：知识付费平台机构、专家、一线从业人员、特殊消费者、普通消费者等	调查研究报告
实证分析	运用统计软件对调查数据、统计数据、挖掘数据进行定量分析	
专题研究	典型知识付费平台价值共创机理和作用机制研究；知识付费平台与意见领袖、平民中心协同演化路径研究	专题研究报告
综合研究	知识付费平台提升价值共创效率、营销能力、版权保护的对策思路	

左侧总框：知识付费平台价值共创发展模式与演化机制模式研究

右侧总框：研究报告

图 1-5　本书的研究逻辑框架和技术路线

19

第二章

文献综述与理论框架

第一节 企业与消费者交易模式的演进研究

在工业时代产品主导逻辑下,企业是价值创造的主体,组织间的协作、产品化、规模化、中心化、管理控制是企业成功的关键因素。Fuchs首次提出,在服务经济中消费者是生产制造环节的一个重要因素[1],将个人的服务纳入企业生产中加以考虑,可以提升生产力[2]。企业能够邀请消费者参与生产活动,可将消费者作为临时性的兼职员工,不但能提高产品生产率,还能提升顾客满意度。[3][4][5] 在产品主导逻辑

---

[1] FUCHS V R. The Service Economy [M]. New York: Columbia University Press, 1968: 20-32.

[2] LEVITT T. The Industrialization of Service [J]. Harvard Business Review, 1976, 54 (5): 63-74.

[3] MILLS P K, MORRIS J H. Clients as "Partial" Employees of Service Organizations: Role Development In Client Participation [J]. Academy of Management Review, 1986, 11 (4): 726-735.

[4] NORMANN R, RAMIREZ R. From Value Chain to Value Constellation: Designing Interactive Strategy [J]. Harvard Business Review, 1993, 71 (4): 65-77.

[5] RAMIREZ R. Value Co-production: Intellectual Origins and Implications for Practice and Research [J]. Strategic Management Journal, 1999, 20 (1): 49-65.

<<< 第二章 文献综述与理论框架

下,企业缺乏对消费者充分互动与交流的思考,消费者参与企业共创的模式有限,消费者黏性和忠诚度培养还处于初级阶段。

在互联网、信息科技等新兴技术的驱动下,全球的经济社会发生了巨大变化,企业的市场竞争环境变得更加复杂多样,促进了价值共创理论和产业实践的发展。现有的价值共创理论更多从服务管理领域文献中发展而来,并作为核心理论得到了系统性的研究。[1] 我们将服务管理定义为一个新兴的跨学科研究领域,专注于对基础理论、模型、理论和应用的研究,以推动服务创新、竞争和共同创造价值。数字化时代,企业未来的竞争力将通过新的价值创造方式实现,消费者、其余角色与企业通过异质性互动,共同创造价值。[2][3] 价值共创是各方资源整合的过程,需要多方投入时间、知识、技能等资源。现有研究更多地关注价值形成过程和各阶段的制度安排,尤其关注消费者在服务创新和产品绩效方面发挥的重要作用。[4] 价值共创型的组织就是要从根本上改变互动参与的模式,变革管理组织和员工之间的关系,以及企业与共创价值者之间的关系,包括消费者、利益相关者、合作伙伴和其他员工等。[5] 价值共创(value co-creation)作为研究企业商业模式变革和促进经济社会发展的理论,已经成为管理学和市场营销学未来发展的重点。

实践中,越来越多的企业在实施价值共创战略,企业与消费者通过互动合作,共同改进产品和服务体验。在服务管理中,共创主要针对服

---

[1] VARGO S L, LUSCH R F. Service-dominant Logic: Continuing the Evolution [J]. Journal of the Academy of Marketing Science, 2008, 36 (1): 1-10.

[2] PRAHALAD C K, RAMASWAMY V. Co-opting Customer Competence [J]. Harvard Business Review, 2000, 78 (1): 79-87.

[3] PRAHALAD C K, RAMASWAMY V. Co-creating Unique Value with Customers [J]. Strategy & Leadership, 2004, 32 (3): 4-9.

[4] CHEN T. Extending Service Dominant Logic: Proposition, Lexicon and Framework [Z]. Naples Forum on Service, 2011: 1-27.

[5] RAMASWAMY V. Co-creation of Value: Towards an Expanded Paradigm of Value Creation [J]. Marketing Review St. Gallen, 2009, 26 (6): 11-17.

务过程和服务产品进行研究，企业和消费者共同创造了差异化服务、降低企业成本、改善服务绩效。管理者对服务生态系统中的消费者和不同行为者（actor）的作用越来越关注，这些消费者和不同行为者富有知识、技能和经验，在商品生产和服务管理中有重要作用，都是企业的价值共创者。互联网时代，共享经济、虚拟社区、高科技公司等都成为消费者参与价值共创的重要平台，越来越多的企业运用价值共创思维为企业赢得了竞争优势，如 DHL、宜家（IKEA）、网飞（NETFLIX）、乐高（LEGO）、携程、小米等，网飞为了更精准地获得观众影片偏好，面向观众举办有奖竞赛，持续改善线上社群的服务；小米公司利用社交平台进行社群营销，借助粉丝效应、口碑效应实现裂变式传播，根据用户画像进行精准定位和关系营销。互联网加速了企业与消费者之间沟通方式的变化，互动沟通越来越顺畅，增进了企业与企业、企业与消费者、消费者与消费者之间的了解，为企业的战略选择和营销创新提供了决策依据。

第二节 价值共创理论及其发展脉络研究

在知识经济和数字化时代，企业与消费者的互动交流更加频繁，能够共同进行价值创造。服务主导逻辑是对企业与消费者价值共创进行解释的重要理论，对产品价值创造过程、创造角色和价值体现进行了重新认知，突破了传统的产品主导逻辑的营销思维，尤其针对互联网内容产品，共创内容和价值成为主要发展模式。整体而言，以价值共创为主题的研究引起了学术界和实践界的共同关注，但目前对该领域研究进展、热点、发展脉络等进行系统分析的成果较少，文献计量分析相对匮乏。首先，国内外价值共创研究的定义和内涵不断被重构，共创是指服务的共同创造,还是指更抽象的价值创造[1],关于共创定义的争论一直在进行。在服务主导逻辑下,消费者是企业的价值共创者[2][3][4][5],但有研究表明价值共创更具体地发生在消费者与企业互动联合的领域之中[6][7][8][9]。此外,学者对共创形式的界定也存在一定的争议,共创、共同生产、参与、参加等界定的不同,使服务管理领域价值共创的概念呈现多元化趋势,在一定程度上降低了该研究的一致性和贡献度。其次,在长期积累和发展过程中,该领域的研究成果已经突破了特定边界,实现了高度扩展,关键主题研究和多领域交叉的泛化研究并行发展,仅依靠传统文献分析和综述方法可能造成对该领域热点与发展趋势的主观偏误。因此,本书使用文献计量法系统梳理价值共创的理论发展脉络和逻辑框架,归纳出研究热点和发展方向,希望能对后续研究起到抛砖引玉的作用,为企业实施价值共创战略、发展竞争优势、推进营销和创新管

---

[1] MUSTAK M, JAAKKOLA E, HALINEN A. Customer Participation and Value Creation: A Systematic Review and Research Implications [J]. Managing Service Quality: An International Journal, 2013, 23 (4): 341-359.

[2] VARGO S L, LUSCH R F. Evolving to a New Dominant Logic for Marketing [J]. Journal of Marketing, 2004, 68 (1): 1-17.

[3] VARGO S L, LUSCH R F. Service-dominant Logic: Continuing the Evolution [J]. Journal of the Academy of Marketing Science, 2008, 36 (1): 1-10.

[4] VARGO S L, LUSCH R F. It's All B2B and Beyond: Toward a Systems Perspective of the Market [J]. Industrial Marketing Management, 2011, 40 (2): 181-187.

[5] VARGO S L, LUSCH R F. Institutions and Axioms: An Extension and Update of Service-dominant Logic [J]. Journal of the Academy of Marketing Science, 2016, 44 (1): 5-23.

[6] GRÖNROOS C. Service Logic Revisited: Who Creates Value? And Who Co-creates? [J]. European Business Review, 2008, 20 (4): 298-314.

[7] GRÖNROOS C. Value Co-creation in Service Logic: A Critical Analysis [J]. Marketing Theory, 2011, 11 (3): 279-301.

[8] GRÖNROOS C, RAVALD A. Service as Business Logic: Implications for Value Creation and Marketing [J]. Journal of Service Management, 2011, 22 (1): 5-22.

[9] GRÖNROOS C, GUMMERUS J. The Service Revolution and Its Marketing Implications: Service Logic vs Service-Dominant Logic [J]. Managing Service Quality, 2014, 24 (3): 206-229.

理提供参考。

为尽可能拓展覆盖范围，确保研究的准确性和专业性，本书在美国科学引文期刊数据库（Web of Science，简称 WOS）中，以社会科学引文索引数据库（Social Sciences Citation Index，简称 SSCI）和科学引文索引数据库（Science Citation Index，简称 SCI）为主，进行价值共创研究的文献检索和分析。SSCI 和 SCI 数据库具有强大而丰富的检索功能，包括全球权威社会科学和自然科学核心期刊，有助于我们发掘出具有代表性的价值共创文献。早期研究大多将价值共创作为营销学研究的一个分支，处于零星探索阶段。2004 年后，价值共创进入系统研究阶段，并逐步发展成熟，因此本书将 2004 年作为国外文献检索和筛选的起点，在 WOS 数据库中检索的文献主题或标题中含有"价值共创"关键词（检索式："value co-creation" OR "value co-production"），且文献类型为学术论文、会议论文、综述论文，并发表于 2004—2021 年的相关文献共有 3007 篇，去除自引后的总被引频次高达 62423 次，每篇均被引高达 20.76 次。然后，对文献进行复查，培训 2 名编码员，通过阅读文章题目、关键词和摘要内容，确定文章是否与价值共创领域相关，2 名编码员之间的信度是 0.93，在剔除掉无关文献和重复文献后，最终将 2004—2021 年的 1512 篇具有代表性的价值共创相关文献作为研究样本。

一、价值共创研究的基本特征分析

（一）文献增长趋势分析

由于近年相关文献数量增长迅速，为了更加清晰地展现国外价值共创研究的文献增长变化和时序规律，便于数据处理和分析，本书选取了 2004—2021 年的 1512 篇具有代表性的相关文献作为研究样本，并列出了 2004—2021 年价值共创相关文献的发文数量和文献的被引频次，见图 2-1。从整体上看，价值共创领域的文献持续增加，研究成果不断累积。顾客学习理论指出，企业向消费者提供的学习式服务能够带来更好的效果和创新性[①]，这成了价值共创理论发展的基础。从时序上看，2015年是价值共创研究的一个关键时点，由此可以划分为两个阶段：2015年以前，消费者参与共创的研究多以理论探索为主，消费者、其余角色参与企业创新的渠道和形式相对有限，科学引文期刊数据库中价值共创相关文献发文数都保持在200篇/年以下，引文数低于2000次/年；2015年以后，随着理论体系的成熟化，美国营销科学学会把服务主导逻辑下的价值共创理论作为未来几年优先发展的研究方向之一，加之虚拟社区成了企业与消费者互动的主要载体，社群营销、口碑传播、粉丝经济、用户参与创新的形态和模式不断发展，价值共创在理论和实践方面的成果均大幅增长，2021年价值共创领域英文文献的发文数和引文数均是2015年的3倍，充分体现出理论和实践研究的重要价值。两阶段式的增长模式，既符合学科发展的演进过程，又体现出技术进步对价值共创实践的推动作用。

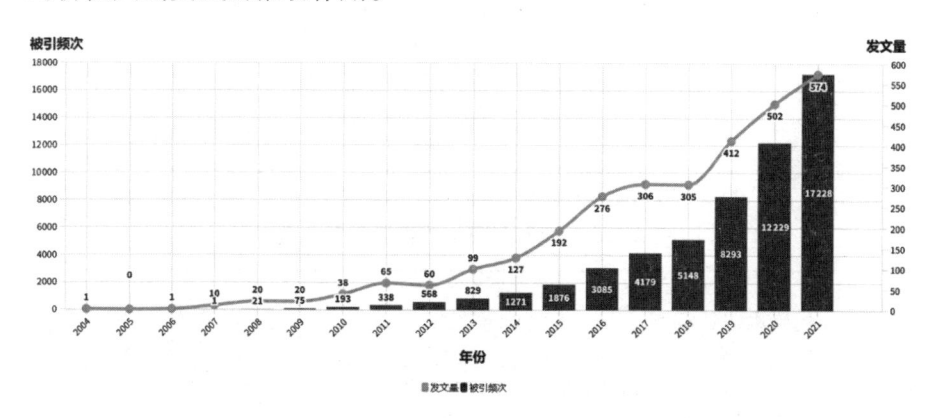

图 2-1 WOS 2004—2021年价值共创领域发文量和文献被引频次

[①] MATTHING J, SANDEN B, EDVARDSSON B. New Service Development: Learning from and with Customers [J]. International Journal of Service Industry Management, 2004, 15 (5): 479-498.

(二)影响力分析

本书通过对发文国家、科研机构、期刊等研究主体进行分类研究，可以判断出价值共创在不同国家、科研机构、期刊的影响力和发展水平。价值共创理论的研究主题关注企业与消费者、其余角色通过互动参与共同创造价值的过程，属于管理学和营销学研究范畴，因此价值共创的研究成果也大多来自管理学和营销学研究比较发达的地区与科研机构。本书对不同国家、不同科研机构的发文总数进行了排序，并对各期刊的被引次数进行了排序，中介中心度体现了节点在该领域的重要性，可以帮助我们有效识别和描述该领域领先的研究主体及力量，见表2-1至表2-3。

表2-1 发文国家情况（前5名）

排序	国家	发文总数（篇）	中介中心度
1	美国	179	0.40
2	英国	145	0.52
3	澳大利亚	118	0.30
4	芬兰	105	0.03
5	中国	102	0.04

表2-2 高水平科研机构情况（前5名）

排序	科研机构名称	研究重点	国家	发文总数（篇）	中介中心度
1	卡尔斯塔德大学	产品主导逻辑、服务主导逻辑	瑞典	38	0.12
2	汉肯经济学院	服务市场演化和价值创造	芬兰	27	0.15
3	图尔库大学	价值共创的行业应用和特征	芬兰	19	0.20
4	奥克兰大学	顾客价值创造、服务生态系统	新西兰	17	0.08
5	曼彻斯特大学	价值共创的影响因素和实践	英国	15	0.04

表 2-3 高水平期刊情况（前 5 名）

排序	期刊名称	被引次数（次）	中介中心度	影响因子（2020 年）
1	*Journal of Marketing*	754	0.14	7.821
2	*Journal of the Academy of Marketing Science*	743	0.17	9.360
3	*Journal of Business Research*	620	0.07	4.028
4	*Journal of Service Research*	532	0.10	4.071
5	*Industrial Marketing Management*	510	0.04	4.779

发文国家方面，美国、英国、澳大利亚居于前列，既表明这些发达经济体拥有较为成熟发达的科研机构，也表明这些国家经济基础比较稳定，企业管理水平较为先进，重视"以消费者为中心"的经营管理理念，对技术进步和价值共创等新兴领域的管理创新较为关注。北欧研究机构在价值共创领域提出了系统的理论和方法，体现了该地区对价值共创管理的重视程度。近年来，中国在价值共创领域发表的论文数量逐渐增多，在中国情境下探讨传统企业转型、平台型企业等新型商业模式发展，已经成为管理学研究的关注重点。

科研机构方面，本书列出了论文发表数量排名前五的科研机构，并标注出所属国家（主要集中在欧洲和大洋洲）。价值共创领域发表论文数量最多的是瑞典卡尔斯塔德大学。科研机构之间的合作关系逐渐稳定且相互关联，见图 2-2。该领域的科研机构合作处于比较均衡的状态，绝对集中和权威的科研机构较少，高水平科研机构普遍存在着合作关系，发达国家同一地区机构之间的连接强度更高，比如，芬兰的汉肯经济学院、图尔库大学、瓦萨大学之间的合作，澳大利亚的新南威尔士大学、悉尼大学之间的合作等。

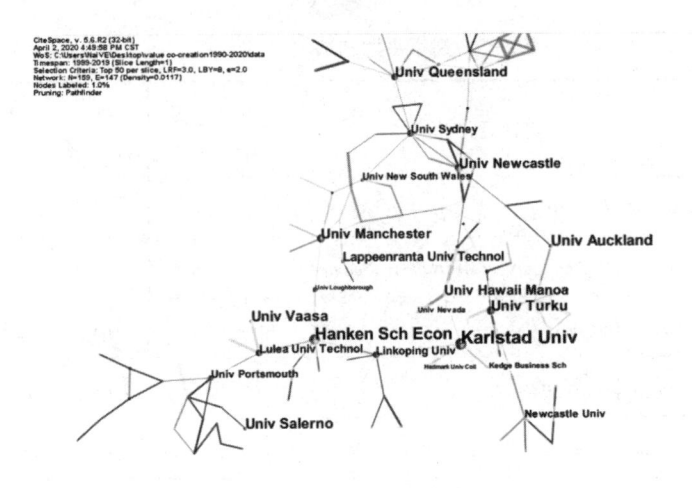

图 2-2　科研机构合作图谱

高水平期刊方面，本书依据被引次数列出了排名前五的期刊，2019年这些期刊影响因子都在 4.00 以上，平均影响因子达到 6.01，均为市场营销学和管理学的顶级权威期刊。*Journal of Marketing* 被引次数最高，2004 年 Vargo 和 Lusch 发表重量级论文《向新的营销主导逻辑演进》（Evolving to a new dominant logic for marketing）就刊登于此刊。总体来说，研究内容从产品主导逻辑向企业与消费者合作的价值共创模式转变，逐步形成了服务主导逻辑理论、价值共创机制、顾客价值创造、服务生态系统等主要研究方向。高水平期刊的关注内容包括价值共创的前因、实施、结果和环境因素，前因是影响并推动企业开展价值共创的前置力量，包括企业和消费者等主体特征，各个主体参与共创的机会识别、评估和应用等问题；实施是在共创过程中采取的行动和策略，包括对资源的整合利用、共创决策等，对虚拟社区、网络建设、营销创新的关注度也在逐步提升；结果是实施价值共创战略后，企业在效率和效果上获得的改善，包括从个人、企业、社会等多角度研究消费者参与的绩效改善，探讨企业间的合作，提升企业动态能力和知识转移效率等。此外，还包括经济、文化、制度等环境因素对共创活动开展产生的直接和间接影响等。

二、价值共创研究的内容分析

（一）关键词共现横向分析

关键词是文献研究主题的高度凝练，共现分析是指提炼抽取文献中的关键词，通过词频统计、排序、中心度等信息，发现不同文献关键词与研究主题之间的关联，从而识别出研究重点和热点。关键词聚类将具有高度相关或类似关键词的文献进行归类，形成不同的研究主题类群，可以更深层次地展现共现关系。

本书使用 CiteSpace 软件进行可视化分析，节点和标签代表关键词出现的频次，得出的价值共创关键词共现图谱共有 106 个节点，147 条连线，网络密度为 0.0273，轮廓系数和聚类指标分别为 0.7756、0.9407，均大于 0.5 和 0.3，表明该共现聚类具有较高的可信度，各聚类同质性较好，结构合理，见图 2-3。为了有效分析和展示关键词关系脉络，本书选取共现频次在 50 次以上的 35 个关键词，得出了价值共创研究关键词词频及中心度分布表，见表 2-4。

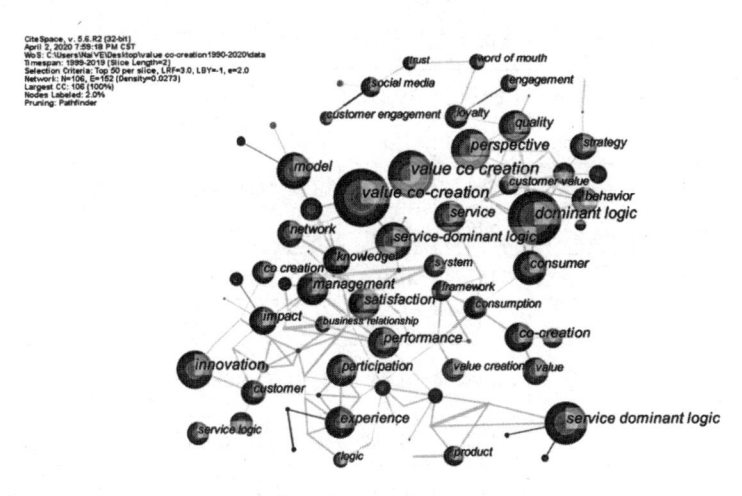

图 2-3 价值共创研究关键词共现图谱

根据关键词共现图谱与词频分析结果，价值共创研究高频共现关键词大致可以分为四大类：第一，围绕研究主题进行描述，将价值共创、服务主导逻辑、创新、观点等作为研究主题，将模型、经验、管理作为研究方法或研究背景；第二，对价值共创的参与主体特征和资源系统进行研究，从服务生态系统的视角分析各主体之间资源的获取、整合和分配，以及情境因素对价值共创的影响，包括"消费者""顾客""网络""架构""社会化媒体""系统""技术""环境"等；第三，对价值共创实施过程进行介绍，包括为实现价值共创采取的一系列行为、方法和步骤，如"战略""共创""共同生产""服务""行为""参与""知识""消费""价值创造"等；第四，对价值共创的结果和效益进行描述，包括共创活动对消费者、组织和社会产生的各种影响等，如"绩效""质量""影响""满意度""忠诚度""顾客价值"等。随着互联网产业的快速发展，学者从不同角度丰富和构建价值共创理论体系，不但强调对参与主体、参与过程的研究，还在探索共创行为与企业战略、营销管理等领域的融合发展，在技术驱动下，不断向外延伸关注点和研究边界，丰富和拓展了管理理论。

表2-4 价值共创研究文献关键词词频及中心度分布

关键词	词频	中心度	关键词	词频	中心度
价值共创（value co-creation）	339	0	消费者（consumer）	78	0.60
价值共创（value co-creation）	284	0	影响（impact）	77	0
主导逻辑（dominant logic）	228	0.02	战略（strategy）	76	0.30
创新（innovation）	157	0.08	知识（knowledge）	73	0.08
观点（perspective）	152	0.09	顾客（customer）	71	0.39
服务主导逻辑（service dominant logic）	145	0.08	共创（co-creation）	70	0.49
模型（model）	132	0.08	架构（framework）	63	0.14
参加（participation）	128	0.60	社会化媒体（social media）	60	0.10

续表

关键词	词频	中心度	关键词	词频	中心度
经验（experience）	110	0.55	技术（technology）	58	0.08
管理（management）	110	0.32	参与（engagement）	58	0.23
服务主导逻辑（service dominant logic）	106	0.25	消费（consumption）	58	0
绩效（performance）	102	0.11	忠诚度（loyalty）	58	0.80
满意度（satisfaction）	100	0.15	系统（system）	57	0.22
服务（service）	94	0.16	环境（context）	57	0
共创（co-creation）	91	0.08	顾客价值（customer value）	52	0.04
行为（behavior）	89	0.08	价值创造（value creation）	52	0.08
质量（quality）	89	0.36	共同生产（co-production）	51	0
网络（network）	79	0.04			

本书还计算了网络节点的突变性，进一步了解该领域研究中较为前沿和具有潜力的研究主题。"服务主导逻辑"是关键词中突发性最强的节点，该逻辑也是价值共创研究的理论基础。此外，具有高突发性值的节点还包括"服务系统""交换""服务科学""互联网""竞争优势""工作""冲突""授权""概念化"等，这些关键词具有较强的时代特征。可见，价值共创研究随着互联网和新媒体的发展，从早期比较笼统的服务生态系统研究、营销学研究，发展到既关注企业与利益相关者之间参与互动对结果的影响，又从研究方法、情境因素等多方面不断进行丰富。

（二）关键词共现纵向分析

为了更加清晰展现文献发表数量和热点主题的演进过程，本书以高频共现关键词相似度为基础，运用LLR（Log-Likelihood Ratio，对数似然比）算法进行聚类分析，得出价值共创研究的主题聚类，106个关键词节点被细分为 11 个共现聚类结果，见表 2-5。

表 2-5 关键词共现网络聚类结果

聚类编号	共现频次（次）	轮廓系数	聚类主题	高频词汇（LLR）
#0	24	0.831	积极口碑意图（positive wom intention）	积极口碑（positive wom），维度（dimension），总体消费体验（total service experience），前因（antecedent），个人特性（personality trait），服务体验（service experience）
#1	21	0.895	价值主张（value proposition）	个人价值（personal value），服务价值（service value），忠诚（loyalty），设定理论（enactment theory），关系（relationship）
#2	20	0.910	社会机器（social robot）	服务升级（service development），关系视角（relational view），社会认知（social cognition）
#3	18	0.923	消费者互动（customer interaction）	品牌利益（branding），轮廓（profile），消费（consumption），复杂服务恢复过程（complex service recovery processes），双偏差（double deviation）
#4	17	0.938	共同消费群体（co-consuming group）	价值创造（value creation），角色（role），品牌社区（brand community），共同消费群体（co-consuming group）
#5	16	0.908	研究差距（research gap）	服务主导逻辑（service-dominant logic），研究差距（research gap），价值共创网络（value co-creation network），营运资源利用（operant resource utilization）
#6	16	0.969	服务创新（service innovation）	知识分享（knowledge sharing），项目绩效（project performance），结果（consequence），贡献（contribution）
#7	15	1	消费者参与（customer involvement）	消费者体验（customer experience），消费者参与（customer engagement），服务雇员（service employee），协调（coordination）
#8	11	0.865	伦理语境（ethical context）	品牌承诺（brand commitment），消费意愿（purchase intention），名人（celebrity），社交媒体曝光（social media exposure），千禧一代消费者（millennial consumer），共创信息（co-creation message），服务主导逻辑（service-dominant logic）
#9	15	1	消费者意图（customer intention）	消费者参与（customer engagement），社交网络（social network），黏性（stickiness），消费者价值创造（customer value creation），消费者公民行为（customer citizenship behavior）
#10	14	0.895	消费者价值评估（customer value assessment）	价值创造（value creation），服务逻辑（service logic），互动（interaction），商业模式（business model），市场配置（market configuration），互动价值形成（interactive value formation）

通过关键词共现网络聚类结果，我们发现价值共创涉及营销管理、组织战略与管理、企业创新体系、健康医疗等领域的研究。与传统的营销理论相比，价值共创为企业发展提供了一种新的思维方式和发展方式，为学者研究消费者参与企业互动提供了新的切入点。为了展示主要

话题随时间变化的趋势，在前文分析文献增长趋势的基础上，本书结合文献发表的时间顺序，将整个文献数据集划分为三个阶段：2004年以前，2004—2014年，2015年以后，见图2-4。

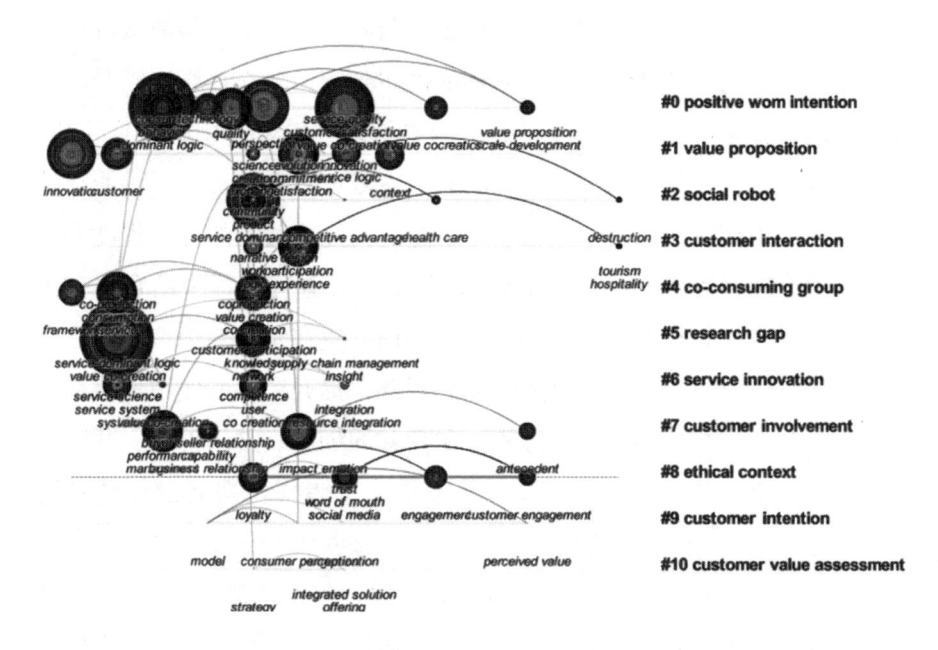

图2-4 价值共创关键词共现网络 Time Line 视图

2004年以前，价值共创的研究处于探索积累阶段，学者和管理者开始认识到服务系统与消费者的独特价值，早期的文献主要关注共同生产中价值共创的形式和过程，针对共创价值和服务系统的研究，涉及价值共创者在企业内部和外部利益相关者中展现的角色、作用及产生的结果[1]，初步建立了以服务主导逻辑的理论基础，开始系统地、动态地看待企业能力与环境的协同发展。

2004—2014年，服务管理被定义为一个新兴的跨学科研究领域，

---

[1] LENGNICK-HALL C A, CLAYCOMB V, INKS L W. From Recipient to Contributor: Examining Customer Roles and Experienced Outcomes [J]. European Journal of Marketing, 2000, 34 (3-4): 359-383.

专注于对基础理论、模型、应用的研究,推动服务创新、竞争和共同创造价值[1],研究成果逐渐丰富和延展。在服务主导逻辑下,消费者能够持续与企业共创价值。消费者已经不再满足于成为品牌的被动购买者,而是乐于成为共同创造品牌体验的积极参与者。企业通过与消费者之间的交流,了解消费者体验,共同创造品牌价值。[2] 学者能够达成普遍共识,任何具有竞争性的企业战略都应该着重发挥价值共创的重要作用,将消费者视为企业管理系统中重要的合作者之一,为消费者提供能够获得资源和知识交流的机会,使他们了解企业对业务流程的开放程度和传递商业价值的过程。[3] 企业与消费者在整个服务管理过程中结合得更加紧密,短期合作和长期合作并存,价值共创发生在企业与消费者合作的各个阶段,供应商将资源转化成产品和服务,提升产品的使用价值。消费者能够参与到服务创新的全过程,包括共同创新、共同设计、共同测试、共同投资、共同营销等模式,企业会充分考虑消费者的创意和意见,并加以实施。[4] 企业与消费者之间的沟通也从少量的、单向的、不太透明的模式,向频繁的、双向的、透明的合作交流转变[5][6],逐步形成了多方共同参与的价值共创系统。在此阶段,价值共创从低范式研究

---

[1] OLIVEIRA P, HIPPEL E V. Users As Service Innovators: The Case of Banking Services [J]. Research Policy, 2011, 40 (6): 806-818.

[2] HEALY J C, MCDONAGH P. Consumer Roles in Brand Culture and Value Co-creation in Virtual Communities [J]. Journal of Business Research, 2013, 66 (9): 1528-1540.

[3] NEELI B, LEONE R P. Psychological Implications of Customer Participation in Co-production [J]. Journal of Marketing, 2003, 67 (1): 14-28.

[4] MELE C, COLURCIO M, RUSSO-SPENA T. Research Traditions of Innovation: Goods-dominant Logic, the Resource-based Approach and Service-dominant Logic [J]. Managing Service Quality: An International Journal, 2014, 24 (6): 612-642.

[5] CHATHOTH P, ALTINAY L, HARRINGTON R J, et al. Co-production versus Co-creation: A Process Based Continuum in the Hotel Service Context [J]. International Journal of Hospitality Management, 2013, 32 (1): 11-20.

[6] GUSTAFSSON A, KRISTENSSON P, WITELL L. Customer Co-creation in Service Innovation: A Matter of Communication? [J]. Journal of Service Management, 2012, 23 (3): 311-327.

跨越到高范式研究中，学者从不同角度丰富了理论和实践研究，探讨了消费者参与行为和外部环境对价值共创的影响，其中，价值评估、感知过程、消费者忠诚度、综合解决方案、协同生产、消费者参与等主题都受到了关注，尤其采用质化、量化或两者相结合的方法进行案例研究，成为价值共创研究的发展趋势。

2015年以后，理论研究和实践进一步向"企业与消费者互动合作"的双边范式转变[1]，转向对服务生态系统和共创价值网络的研究。企业为价值共创活动的开展提供了平台，互联网为消费者增权，消费者成为价值创造的参与者[2]，社群营销成为企业进行共创活动的普遍做法[3][4][5]，线上互动沟通的本质就是社交的圈层化发展，互联网时代的企业发展逻辑是共享和共生，企业通过建立共生的服务系统，进行意见收集、资源整合、激发创新、创造价值，然后通过企业、消费者、利益相关者的参与互动过程，将服务价值传递给消费者，大量研究关注消费者社群、社会化媒体、平台型企业、创新商业模式的发展。除了传统的制造业和快消行业外，在健康、医疗、旅游、传媒等垂直领域，也产生了大量的实证研究和案例研究成果。例如，在旅游领域中，消费者更加注重效用和体验的满足，价值共创在企业面向消费者提供服务过程中的应用更加广泛，旅游、休闲领域的相关论文数量逐渐增多，体现了学科之间的交叉融合，促进了

---

[1] FITZPATRICK M, VAREY R J, GRÖNROOS C, et al. Relationality in the Service Logic of Value Creation [J]. Journal of Services Marketing, 2015, 29 (6-7): 463-471.
[2] DINNER I M, HEERDE VAN H J, NESLIN S A. Driving Online and Offline Sales: The Cross-Channel Effects of Traditional, Online Display, and Paid Search Advertising [J]. Journal of Marketing Research, 2014, 51 (5): 527-545.
[3] OGAWA S, PILLER F T. Reducing the Risks of New Product Development [J]. MIT Sloan Management Review, 2006, 47 (2): 65-71.
[4] ZWASS V. Co-creation: Toward a Taxonomy and an Integrated Research Perspective [J]. International Journal of Electronic Commerce, 2010, 15 (1): 11-48.
[5] PIRINEN A. The Barriers and Enablers of Co-design for Services [J]. International Journal of Design, 2016, 10 (3): 27-42.

价值共创理论与产业实践在更大范围内的合作与应用。

（三）文献共被引分析和聚类分析

与关键词共现分析不同，共被引分析侧重对文献间的引用与被引情况进行研究，当两位作者（或多位作者）的文章同时被后来的一篇或多篇文章引证时就认为这两位作者（或多位作者）之间构成共被引关系，可以挖掘出关键文献和核心作者的价值和作用。本书利用CiteSpace软件Cluster视图筛选出价值共创领域具有重要影响的文献，利用时间线视图对研究历程和重要节点进行了追溯，在文献共被引网络中，筛选出共被引频次最高的43篇进行图谱绘制，节点大小表示该作者文章被引频次的高低，节点之间的连线表示作者文章之间的相互关系，见图2-5。图谱中共有43个节点、51条连线，网络密度为0.0565，轮廓系数和聚类指标分别为0.8633、0.6945，均大于0.5和0.3，表示该聚类结果具有较高的可信度。

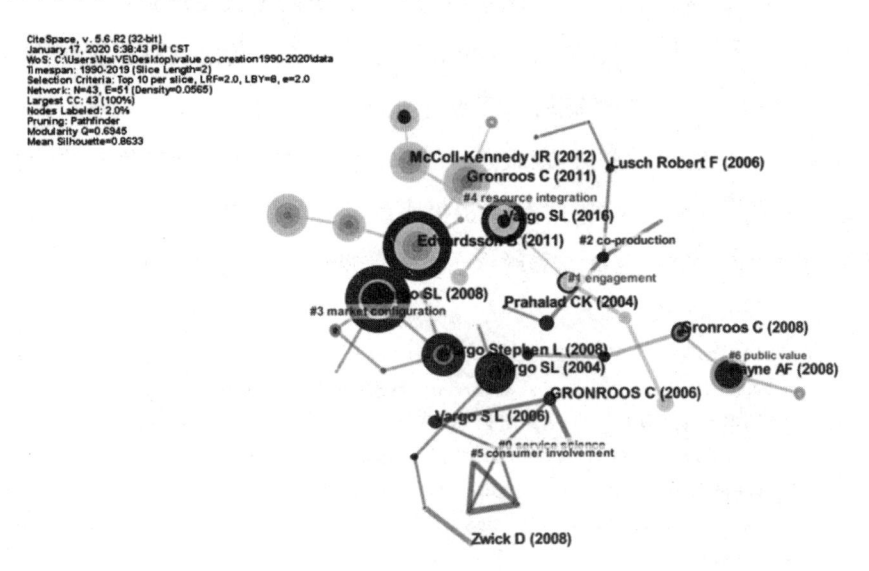

图2-5 共被引分析下价值共创关键文献作者及文献年份知识图谱

聚类分析依据不同的算法将节点分组形成不同的集群，帮助我们识别该领域的不同研究方向和研究主题。按照聚类标签、文献的平均发表年限、聚类成员数量、研究主题对文献分布进行了统计，聚类节点的半径表示成员的数量和节点的热度，利用时间线视图便于我们快速了解以往研究中学者的关注重点和聚类的时变特征[①]，见图2-6。本书使用CiteSpace软件中的潜在语义索引算法（Latent Semantic Indexing，简称LSI），对2004—2021年的价值共创文献标题和关键词进行分析，通过归纳总结，最终形成了服务科学、参与、共创、市场调节、资源整合、消费者参与、公共价值七大类的聚类主题。

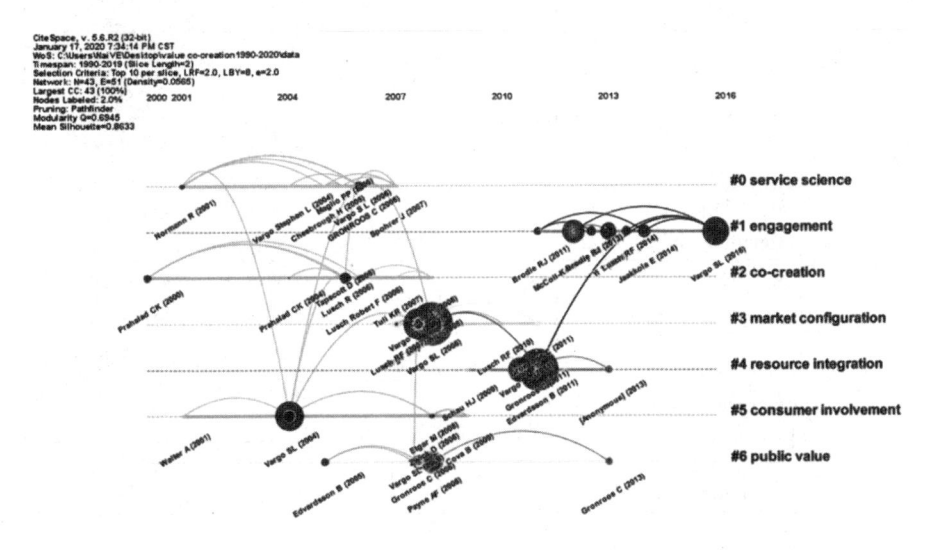

图2-6　价值共创研究关键文献共被引聚类图谱

与关键词词频分析结果类似，通过聚类结果，我们可以归纳出价值共创领域的主要内容有三个研究方向，见表2-6。第一，价值共创理论研究，包括服务主导逻辑等，聚类#0、#4体现了价值共创的理论发展；

[①] KEUPP M M, GASSMANN O. The Past and the Future of International Entrepreneurship: A Review and Suggestions for Developing the Field [J]. Journal of Management, 2009, 35 (3): 600-633.

第二，消费者参与和共创实践，包括品牌参与、消费者参与、其余角色参与、消费者共同创造实践等，聚类#1、#2、#5围绕消费者参与价值共创进行分析；第三，对价值共创过程和服务生态系统进行研究，包括商业模式、供应链管理等，聚类#3、#4、#6研究了市场调节、资源整合等内容。

表2-6　WOS文献共被引聚类结果与特征

聚类编号	聚类标签	轮廓指标	年份	研究重点（LLR）
#0	服务科学（service science）	0.767	2005	服务科学，服务主导逻辑，价值主张等
#1	参与（engagement）	0.94	2013	参与，品牌参与，消费者参与，其余角色参与等
#2	共创（co-creation）	0.907	2005	协同生产，服务设计，价值链，关系等
#3	市场调节（market configuration）	0.841	2008	市场配置，市场动态，消费者满意度，商业模式等
#4	资源整合（resource integration）	0.947	2011	资源整合，供应链管理，服务逻辑，服务系统等
#5	消费者参与（consumer involvement）	0.827	2006	消费者参与，供应链管理，战略定位，消费者共同创造实践等
#6	公共价值（public value）	0.815	2008	公共价值，服务网络，民族志，价值分析等

（四）关键文献与核心作者分析

基于文献共被引分析和聚类的结果，本书采用标志点与关键点两个指标对节点文献的代表性和贡献度进行分析。标志点是指总被引频次较高的文献，多为该领域的开拓性和基础性文献；关键点是指中介中心度大于0.1的文献，多为具有重大突破或转折意义的文献，见表2-7。结合图2-5和表2-7，可知网络中的关键节点代表了价值共创领域中具有强影响力的核心作者及其代表作，核心作者包括B. Edvardsson、S. L. Vargo、C. Grönroos、R. Lusch、J. R. McColl-Kennedy、A. F. Payne等。

2004年以后，关键文献快速增加，表明该领域形成了较为稳定的核心作者群体，理论研究趋于成熟。

表2-7 2004—2019年价值共创高被引文献作者和文献初现年份统计

频次排名	作者	初现年份	频次（次）	中心度排名	作者	初现年份	中心度
1	B. Edvardsson	2011	175	1	S. L. Vargo、R. F. Lusch	2008	1.01
2	S. L. Vargo	2008	172	2	B. Edvardsson	2011	0.94
3	S. L. Vargo	2016	159	3	S. L. Vargo	2008	0.93
4	C. Grönroos	2011	159	4	S. L. Vargo	2004	0.81
5	J. R. McColl-Kennedy	2012	137	5	S. L. Vargo	2016	0.53
6	A. F. Payne	2008	137	6	S. L. Vargo	2006	0.33
7	S. L. Vargo	2011	125	7	C. Grönroos	2006	0.26
8	J. D. Chandler	2011	112	8	E. Jaakkola	2014	0.19
9	Y. Yi	2013	98	9	C. Grönroos	2008	0.19
10	E. Jaakkola	2014	60	10	R. F. Lusch	2006	0.19
11	S. L. Vargo	2004	57	11	C. Grönroos	2011	0.10
12	S. L. Vargo	2008	56	12	J. R. McColl-Kennedy	2012	0.10
13	R. J. Brodie	2013	51	13	A. F. Payne	2008	0.10
14	R. F. Lusch	2014	51	14	S. L. Vargo	2011	0.10
15	C. Grönroos	2008	47	15	R. J. Brodie	2011	0.10
16	R. J. Brodie	2011	46				
17	C. Grönroos	2013	42				
18	R. F. Lusch	2007	35				

核心作者不但为价值共创搭建研究框架，推动研究范式的发展，还对各个发展阶段的企业实践进行洞察。本书分析了价值共创的关键文

献、核心作者和主要观点，Vargo 等的发文数量和影响力最突出，被引频次和中介中心度排名均靠前，是该研究领域的重量级学者。2008 年，Vargo 和 Lusch 在《营销科学学报》发表文章《服务主导逻辑：持续发展》，其中介中心度达到 1.01，表明了这篇论文具有非常重要的学术影响力。Vargo 等首次提出了服务主导逻辑，与传统的产品主导逻辑相比，有较大的发展和突破，共创不仅是价值创造的一种形式，更强调企业与消费者之间的互动关系，服务主导逻辑的交易单位是服务提供而不是产品，消费者能够持续与企业共创价值，强调了消费者的主动角色、知识共享的重要性、互动交流的方式和价值创造的场景，关注了制度因素在价值共创活动中的作用，对管理学和企业界有较大的贡献。

其他核心作者也从不同角度丰富了价值共创的研究成果，Edvardsson 等为服务主导逻辑理论提供了新的研究框架，从社会结构理论视角看待服务主导逻辑和价值创造，指出价值是由社会力量创造，并在社会结构中得以再现的，在动态服务系统中，参与者进行学习并调整他们的角色，可以加深对服务交换和价值共同创造的理解，为服务生态系统的发展提供理论基础。[①] McColl-Kennedy 等从案例研究的角度探讨了医疗保健消费者在价值共创过程中的实际做法，确定了消费者共同创造价值的"角色""活动""互动"，揭示了消费者通过自己的活动，管理个人医疗保健的行为和效果，为价值创造做出了贡献。[②] Grönroos 等将服务主导逻辑应用于制造业商业关系中，指出价值共创过程中企业与消费者的角色和范围，供应商和消费者都能参与到企业共创过程中，他们的资源能力能够相互补充和匹配，进而共享价值。Payne 等阐述了价值共创的

---

① EDVARDSSON B, TRONVOLL B, GRUBER T. Expanding Understanding of Service Exchange and Value Co-creation: A Social Construction approach [J]. Journal of the Academy of Marketing Science, 2011, 39 (2): 327-339.
② MCCOLL-KENNEDY J R, VARGO S L, DAGGER T S, et al. Health Care Customer Value Cocreation Practice Styles [J]. Journal of Service Research, 2012, 15 (4): 370-389.

本质，提出管理共创过程的概念性框架，将消费者视为价值的共同创造者，明确地将消费者与企业放在同等重要的位置，为引导消费者参与共创活动提供了方法指导。[1] 由此可见，核心作者为价值共创研究构建了科学的理论体系和研究范式，价值共创理论被广泛用于不同企业的营销实践中，理论与实践的探索仍在持续发展。

第三节　服务主导逻辑下的价值共创研究

服务主导逻辑与传统的产品主导逻辑存在理念上的巨大差异。服务主导逻辑理论指出服务是一切经济交换的基础，生产者只能提出价值主张，而不能独立创造和传递价值，消费者可以用自身的知识、技能等无形资源，利用社会互动共创价值。[2] 价值是以消费者为中心，由企业和消费者共同创造出来的。[3] 为了增强对环境的适应能力，企业不应仅仅关心产品，还应该关注自己为消费者提供的各种服务，价值共创意味着对企业系统福祉进行改善，通过企业与消费者之间的合作，从共创互动过程中产生利益，包括提供活动和服务等。[4] 在服务主导逻辑下，价值共创不仅是价值创造的一种形式，还是更强调企业与消费者之间的互动关系，在消费过程中企业将消费者的价值创造活动充分连接起来，达到

---

[1] PAYNE A F, STORBACKA K, FROW P. Managing the Co-creation of Value [J]. Journal of the Academy of Marketing Science, 2008, 36 (1): 83-96.
[2] FYRBERG Y A. "It's not Us, it's Them!" —Rethinking Value Co-creation among Multiple Actors [J]. Journal of Marketing Management, 2013, 29 (9-10): 1163-1181.
[3] BETTENCOURT L A, LUSCH R F, VARGO S L. A Service Lens on Value Creation: Marketing's Role in Achieving Strategic Advantage [J]. California Management Review, 2014, 57 (1): 44-46.
[4] VARGO S L, LUSCH R F. Evolving to a New Dominant Logic for Marketing [J]. Journal of Marketing, 2004, 68 (1): 1-17.

共同创造价值的目标。[1] 服务主导逻辑重新思考了消费者在创造品牌价值中的作用,消费者的能力影响了品牌价值的形成。[2] 在快速消费品领域,源自消费者自身创意形成的广告将会影响消费者对品牌的认知。服务主导逻辑注重为消费者提供无形的服务,通过企业与消费者之间的互动交流,进行资源整合、服务交换,共同创造和传递价值。[3] 企业和消费者都能够认识到这种关系是双赢的,并且是可持续的,消费者的知识、技能是价值创造的重要资源,消费者已经成为社会生产关系中的重要组成部分。[4][5] 借助于大数据技术,企业对消费者行为、意愿表达、用户画像的分析更加精准,个性化推荐、社群营销、口碑传播、粉丝经济等营销方式的改变,使消费者参与企业运作的程度更深。[6] 在此基础上,服务主导逻辑理论被进一步细分为价值共创机制[7]、顾客价值创

---

[1] GRÖNROOS C, VOIMA P. Critical Service Logic:Making Sense of Value Creation and Co-Creation [J]. Journal of the Academy of Marketing Science, 2013, 41 (2): 133-150.

[2] GRÖNROOS C. Service Logic Revisited:Who Creates Value? And Who Co-creates? [J]. European Business Review, 2008, 20 (4): 298-314.

[3] GRÖNROOS C, VOIMA P. Critical Service Logic:Making Sense of Value Creation and Co-creation [J]. Journal of the Academy of Marketing Science, 2013, 41 (2): 133-150.

[4] ZWICK D, BONSU S K, DARMODY A. Putting Consumers to Work:"Co-creation" and New Marketing Govern-mentality [J]. Journal of Consumer Culture, 2008, 8 (2): 163-196.

[5] ORDANINI A, PARASURAMAN A. Service Innovation Viewed Through A Service-Dominant Logic Lens:A Conceptual Framework and Empirical Analysis [J]. Journal of Service Research, 2011, 14 (1): 3-23.

[6] HOWELLS G. The Potential and Limits of Consumer Empowerment by Information [J]. Journal of Law & Society, 2005, 32 (3): 349-370.

[7] XIE K, WU Y, XIAO J H, et al. Value Co-creation between Firms and Customers:The Role of Big Data-based Cooperative Assets [J]. Information and Management, 2016, 53 (8): 1034-1048.

造[1]、服务生态系统研究[2]等多个主要研究方向。

　　结合共现分析、共被引分析和聚类结果，价值共创研究形成了以"服务主导逻辑"为主题，涵盖价值共创机制、消费者价值创造、服务生态系统等多个研究方向。学者普遍认识到消费者已经从被动接受产品服务的角色，向主动与企业互动的角色转变，消费者在价值创造过程中的地位越来越重要，参与的过程本身也是满足消费者需求的方式之一。在此过程中，企业建立了竞争优势，积累了核心竞争力[3]，供应商、消费者之间通过互动和知识转移，实现了资源整合和服务交换，价值共创效果也成为影响消费者满意度的重要因素[4]。现阶段的研究方向包括：第一，在价值共创理论中，重点对服务主导逻辑、服务科学、服务生态系统、顾客价值创造等内容进行研究；第二，在消费者参与和互动过程中，识别具有特殊资源和能力的核心消费者，研究核心消费者的参与动因和激励机制等；第三，在营销转型的过程中，研究企业运用价值共创战略提升动态能力的路径，针对消费者参与过程研究企业如何应对环境等情境因素的变化，进而发展竞争优势等；第四，在科技进步背景下，侧重对外部环境进行研究，加强网络互动平台建设研究，提升消费者的感知效果和参与体验感，掌握消费者的用户画像和行为轨迹，增加与供应商、消费者之间的用户黏性，提高创新管理的产出效率，进而全面构

---

[1] GRÖNROOS C, GUMMERUS J. The Service Revolution and Its Marketing Implications: Service Logic vs Service-Dominant Logic [J]. Managing Service Quality, 2014, 24 (3): 206-229.

[2] LUSCH R F, NAMBISAN S. Service Innovation: A Service-dominant Logic Perspective [J]. MIS Quarterly, 2015, 39 (1): 155-175.

[3] CHAN C M, MAKINO S, ISOBE T. Does Subnatinal Region Matter? Foreign Affiliate Performance in the United States and China [J]. Strategic Management Journal, 2010, 31 (11): 1226-1243.

[4] BRODIE R J, LLIC A, JURIC B, et al. Consumer Engagement in a Virtual Brand Community: An Exploratory Analysis [J]. Journal of Business Research, 2013, 66 (1): 105-114.

建共创网络；第五，在服务主导逻辑下，价值共创与服务生态系统研究，包括企业与消费者资源识别和交互研究、企业与消费者协同演化和供应链转型机制研究等；第六，在社群营销背景下，企业需要搭建和维护品牌社区，创新性地进行客户关系管理，对消费者参与的心理和行为进行研究，可以进一步实现消费者共创价值。

  价值共创理论是对原有理论即"生产者是价值的唯一创造者"的革新，强调价值由经济活动中的各个主体通过资源整合和互动共同创造。价值共创理论由最初的基于消费者体验和基于服务主导逻辑的路径，随着平台商业模式与企业服务生态系统的迭代，转变为多元网络互动视角，成为分析企业价值创造主体与价值实现机制的重要理论工具。虽然现有研究从价值共创视角强调了消费者和消费者参与平台型企业价值创造的过程，但针对知识付费平台发展模式、知识付费企业如何与消费者进行内容传播和交互、如何借助关键意见领袖和平民中心进行价值共创的机制探讨不足，对于主播等"中间群体"在价值共创过程中发挥的作用认识不足，且缺乏实证研究。本书将重点分析以上研究方向，基于价值共创理论，对知识付费平台的演化机制和发展模式进行研究，对价值共创双方进行深度访谈，分析移动音频平台与主播价值共创过程和机理，为加强新媒体企业转型和管理、促进知识付费市场的健康发展提供理论框架和实践指导。

第四节 平台价值研究

  "平台"这一概念来源于双边市场理论，是指连接双方或多方群体，能够进行直接互动和使用的中介组织。平台通过多方互动产生价值，并不断强化多边网络效应产生的竞争优势。[1] 平台作为媒介的两大特点是多边架构和网络效应，可以将具有互补需求、不同功能的群体连接在一起，形成生态网络，通过与环境交互，生成具有共生、互生、再生特点的生态系统，平台成员的异质性、关系的嵌入性和互惠性是平台商业圈的重要特征。[2] 价值共创的主体不再是单一企业，而是在此背景下互联网企业之间的竞争，更多的是体现在网络间的竞争上，而不仅指单个公司的发展，平台管理的关键在于生态圈的竞争，强调资源的开放性和协同性特征，如何促进平台使用者之间的联系和价值互动，进而实现对异质性资源的利用和共享。[3] 由此可见，企业与消费者和内容提供者之间的互动水平，是促进价值共创获得快速成长的关键，在很大程度上决定着企业自身的竞争优势。

平台型企业发展主要关注商业模式的设计和管理问题。在学术界，针对平台型企业的发展理论逐步形成了较为丰富的成果。在平台商业模式中，平台形成领导地位的关键要素包括平台关系设计、平台内部结构、产品模块化水平。[4] 平台的用户价值是最重要的核心元素。企业要重视发现用户价值，如果企业与用户没有形成良性的互动交流机制，企业对用户价值的判断就会产生偏差，经营策略落实到消费端就会产生更大的问题。因此，平台本身和成员成功与否既取决于间接网络效应的发

---

[1] ALSTYNE M W V, PARKER G G, CHOUDARY S P. Pipelines, Platforms, and the New Rules of Strategy [J]. Harvard Business Review, 2016, 94 (4): 56-62.
[2] 谢佩洪, 陈昌东, 周帆. 平台型企业生态圈战略研究前沿探析 [J]. 上海对外经贸大学学报, 2017, 24 (5): 54-65.
[3] ADNER R, KAPOOR R. Value Creation in Innovation Ecosystems: How the Structure of Technological Interdependence Affects Firm Performance in New Technology Generations [J]. Strategic Management Journal, 2010, 31 (3): 306-333.
[4] GAWER A, CUSUMANO M A. How Companies Become Platform Leaders [J]. MIT Sloan Management Review, 2008, 49 (2): 28-35.

挥效果,即平台的跨市场互补性①,还取决于不同参与者之间的关系,这决定着平台的开放性和创新能力②。平台的价格机制、成员的参与度、信息技术能力等因素,都会对网络效应的发挥产生影响,不同参与者共同利益的实现是平台价值创造的关键。平台通过数字技术将多主体连接起来,平台既是数据资源交互的主要场景,又是对数据资源进行挖掘和重组的重要系统,对数据资源的运用直接决定着价值共创的实施效率和效果。在互联网环境下,平台型企业应促进价值共创模式不断演变,促使平台、服务、跨界、产融和生态等几个关键要素进行更迭,更快、成本更低地获得顾客信任,在企业的不同发展阶段,明确目标、定位和资源基础,提升企业自身的动态响应能力。③

知识经济背景下,平台型企业的战略发展和商业创新成为业界和学界关注的焦点,既为知识付费平台的兴起创造了机遇,也为消费者选择更多个性化、专业化的内容产品提供了可能。首先,移动互联网的发展改善了技术环境,随着大数据、云计算的大规模的应用,平台的内容提供方仅使用智能手机就可以完成从内容制作到上传管理的一系列操作,将人的线上阅读体验异化为对知识内容商品的消费行为,生产内容产品的技术壁垒被打破,消费者可以随时随地浏览、收听、观看知识付费内容。其次,互联网改变了用户的消费习惯。随着人们的"消费升级",体验型消费成为消费领域的发展趋势④,在认知盈余的背景下,消费者知识付费的意愿逐步增强,人们对专业知识、跨界知识、个性化的知识服务需求强烈,优质的知识和内容成为大众文化消费的热点产品。杨学

---

① ZHU F, IANSITI M. Entry into Platform-Based Markets [J]. Strategic Management Journal, 2012, 33 (1): 88–106.
② CUSUMANO M A, GAWER A. The Elements of Platform Leadership [J]. IEEE Engineering Management Review, 2003, 31 (1): 8.
③ 刘婕,谢海,张燕,等.动态能力视角下平台型企业的价值共创演化路径探析:基于积微物联的单案例研究 [J]. 软科学, 2021, 35 (5): 138–144.
④ 喻国明. 知识付费何以成势? [J]. 新闻记者, 2017 (7): 61–63.

成和涂科描述了出行平台的价值共创过程，并基于顾客视角，识别了其中影响价值共创的关键因素，提出构建共享经济背景下的动态价值共创框架模型。[1] 最后，互联网带来了营销环境和商业模式的改变。互联网平台型企业打造生态圈的发展趋势明显，其价值创造来源于多方互动，关键在于赢得与网络效应相关的竞争优势[2]。基于个体之间的责任或共同目标形成的社群[3]、粉丝的聚集效应、自媒体的快速崛起，将内容创作者、平台、消费者等双边或多边市场有机地连接起来，以"主体—活动—产出"为框架分析了移动短视频社交平台在初创期、发展期和成熟期的主体演变过程。[4] 还有学者从价值主张、价值共创、价值传递、价值获取四个模块出发，分别探讨了短视频平台和内容分享平台的价值共创过程。[5][6] 可见，在价值共创的过程中，平台的核心作用更加突出。

第五节　参与价值共创特殊消费者的相关研究

价值共创理论强调企业和消费者在资源整合和能力应用过程中共同创造价值，服务主导逻辑指出，服务是一切交换活动的基础，价值来自

---

[1] 杨学成，涂科. 共享经济背景下的动态价值共创研究：以出行平台为例 [J]. 管理评论，2016，28（12）：258-268.

[2] ZHU F, FURR N. Products to Platforms: Making the Leap [J]. Harvard Business Review, 2016, 94 (4): 72-78.

[3] ROTHAERMEL F T, SUGIYAMA S. Virtual Internet Communities and Commercial Success: Individual and Community-level Theory Grounded in the Atypical Case of TimeZone. com [J]. Journal of Management, 2001, 27 (3): 297-312.

[4] 马源鸿，曹云忠，方佳明. 移动短视频社交平台中的价值共创机理：基于抖音短视频的案例研究 [J]. 电子科技大学学报（社会科学版），2018，20（4）：8-12.

[5] 王玖河，孙丹阳. 价值共创视角下短视频平台商业模式研究：基于抖音短视频的案例研究 [J]. 出版发行研究，2018（10）：20-26.

[6] 张晨. 内容分享平台价值创造过程研究 [D]. 天津：天津财经大学，2020.

合作者的需求、体验与感知，服务的本质是行动者为提高自身和其他行动者的收益采取的专业化能力应用。① 企业与顾客一起将需求的"效用"嵌入产品或服务中，将会实现价值增值。在互联网时代，服务主导逻辑的基础仍然以消费者的需要为基础，探讨将大数据资源转化形成价值共创的合作资产，为价值共创和企业进行竞争的决策提供了崭新的理论视角。② 随着人工智能、大数据、云计算等技术日趋成熟，技术创新和商业模式创新重构并丰富了消费者在价值共创中扮演的角色，消费者个人拥有的社交资源和闲置时间资源是企业重要的互补性异质资源，消费者有机会参与企业上游研发和产品设计工作，改变了传统的以企业为核心的单向资源利用逻辑。③

在对平台价值共创进行的研究中，将主播作为价值共创主体进行考察的成果较少。在网络直播间中，主播与粉丝以及粉丝与粉丝间的交流与互动形成一个虚拟的情感社群。④ 常态化持续性的展演以个性和生活为素材完成了线上情感劳动的过程，众多主播的展演汇聚构成了线上情感劳动。⑤ 网络主播在短视频或直播中展演了自己的个性和生活，为用户带来了情感体验价值，主播网红属性借助情感体验价值对用户参与价

---

① VARGO S L, LUSCH R F. The Four Service Marketing Myths：Remnants of a Goods-based, Manufacturing Model [J]. Journal of Service Research, 2004, 6 (4)：324-325.
② XIE K, WU Y, XIAO J H, et al. Value Co-creation Between Firms and Customers：The Role of Big Data-based Cooperative Assets [J]. Information & Management, 2016, 53 (8)：1034-1048.
③ 肖新艳. 全球价值链呈现"双曲线"特征："微笑曲线"和"彩虹曲线"[J]. 国际贸易, 2015 (8)：38-40.
④ 董金权, 罗鑫宇. "情感"视角下的网络直播：基于30名青年主播和粉丝的深度访谈 [J]. 中国青年研究, 2021 (2)：90-96.
⑤ 吕鹏. 线上情感劳动与情动劳动的相遇：短视频/直播、网络主播与数字劳动 [J]. 国际新闻界, 2021, 43 (12)：53-76.

值共创意愿产生影响。① 平台企业难以与所有消费者进行合作，而是主要通过与部分特殊消费者的合作共创价值，那些具有专业能力或资源的特殊消费者，他们的合作意愿、创新能力、产品知识和互动特性对其参与企业发起的价值共创具有显著的正向影响。② 知识市场网络平台的资源主要有两大来源：一方面，通过市场的利益交换机制，吸引知识资源主动向网络平台注册集中发布，由消费者主动添加；另一方面，通过平台系统的后台，对外部资源进行定向检索、挖掘后提取形成，将汇集的知识信息和资源，制作包装成知识产品进行销售。③ 互联网对个体消费者的激活和赋权主要体现在三方面，包括个体参与操控社会传播资源的能力、个人的信息需求和偏好、个人各类微资源的激活④，因此消费者在参与价值共创时，需要投入专用性知识、技能、经验等操作性资源和对象性资源，并与供应商投入的资源进行整合，共同创造价值⑤。互联网的无限联结性将个体及其附属资源链接联结成"强弱关系网络"，通过市场化的平台将特殊消费者的技能、经验、总结等知识资源提供给普通消费者，并在交流和互动过程中形成知识社群，将具有传递信息作用的"弱关系"转化为可引起行为的"强关系"，实现知识的关系价值。⑥ 顾客参与价值共创的行为包括参与行为和公民行为。⑦ 各网络主

---

① 王海花，李玉，熊丽君，等. 主播网红属性对用户参与价值共创意愿的影响研究 [J]. 上海管理科学，2019，41（4）：19-26.
② 胡春，王艳，吴洪. 基于虚拟社区领先用户视角的价值共创研究 [J]. 北京邮电大学学报（社会科学版），2017，19（1）：29-36.
③ 叶红，战洪飞，余军合. 面向知识资源配置的网络知识市场研究 [J]. 科技与管理，2015，17（1）：40-44，51.
④ 喻国明. 互联网是一种高维媒介 [J]. 教育传媒研究，2016（1）：39-41.
⑤ LUSCH R F, VARGO S L. Service-dominant Logic：Reactions, Reflections and Refinements [J]. Marketing Theory，2006，6（3）：281-288.
⑥ 喻国明，冯莉，李玮. 知识的价值变现：传媒收费市场的运作逻辑与操作关键 [J]. 新闻论坛，2017（6）：12-17.
⑦ YI Y, GONG T. Customer Value Co-creation Behavior：Scale Development and Validation [J]. Journal of Business Research，2013，66（9）：1279-1284.

体嵌入价值创造网络,运用网络位置、联结强度、互动合作获取互补知识、信息、技术等有价值的资源,通过整合、学习、重构等动态能力将资源内化为企业和消费者共同拥有的异质性资源。在消费者和企业进行资源交互时,消费者的资源只有被组合或与其他资源组合起来才能产生最大的资源价值,这属于企业与消费者拥有的互补性资源。[①] 这些来自消费者的异质性资源和互补性资源,在技术相对缺乏的情况下,无法实现与企业的资源交互,也无法被企业完全获取和支配,这就要求企业在提供产品或服务过程中重构与消费者的关系,才能更好地识别和对接资源。此外,企业还能获得消费者产品使用的场景信息,如时间、地点、偏好、行为、生活环境、行为模式等,这些都是企业采用生态思维进行价值创造的信息资源,也是开展营销推荐、生产创作的重要参考依据。[②] 实践中,消费者也有能力整合个人资源参与价值创造,个人拥有的专业化知识、技能等操作性资源是企业竞争优势的根本来源,网络平台使用者众多,通过知识和技能等资源可以为消费者提供独特的、定制化的产品和服务,需要企业具有较高水平的动态能力和资源利用。

目前,在知识付费平台上,两类消费者的价值共创作用比较突出。第一类,具有资深专业知识积累、专业技能、特殊魅力,并具备一定影响力和号召力的意见领袖[③]。如知名人士、社交媒体中的网红主播、有电视台或电台工作背景的知识"网红"[④]。由于他们在专业领域已经具

---

① ARTHUR D, MOTWANI R, SHARMA A, et al. Pricing Strategies for Viral Marketing on Social Networks [C] //Proceedings of the 5th International Workshop on Internet and Network Economics. New York: Springer, 2009: 101-112.
② 江积海. 商业模式创新中"逢场作戏"能创造价值吗:场景价值的理论渊源及创造机理 [J]. 研究与发展管理, 2019, 31 (6): 139-154.
③ LI F, DU T C. Who is Talking? An Ontology-based Opinion Leader Identification Framework for Word-of-Mouth Marketing in Online Social Blogs [J]. Decision Support Systems, 2011, 51 (1): 190-197.
④ 冯帆. PUGC 模式下的互联网电台内容生产:以喜马拉雅 FM 为例 [J]. 青年记者, 2017 (17): 59-60.

有一定的权威性,其自身的专业性和知名度是内容产品制作输出的重要基础,他们的知识贡献更加容易获得用户的信任,进而成长为内容生产的专业用户。同时,消费者面对"知识网红"也更容易做出购买专业性知识付费产品的决策。第二类,通过平台和渠道建设,形成具有一定营销影响力的平民中心[1],如社交网络中的关键节点人物、具有广泛人脉资源的消费者、认证主播、社群核心人员等,平民中心主播提供的是基于用户自身特点生成的数字内容。他们既是"草根"主播,也是平台的普通用户,在其服务关系网中通过与他人的互动整合资源[2],很多企业探索发掘具有营销影响力的核心消费者,将其作为推动交易和引流消费者的"媒介",通过加强消费者之间的参与和互动,强化消费体验、品牌忠诚度等要素[3],进而带动平台流量的增长。意见领袖和平民中心都是知识付费平台共同进行价值创造的主体,平台不仅要保证意见领袖稳定持续的知识产出,而且要吸引具有内容产出能力的意见领袖参与[4],关注这些积极且特殊的消费者,不论在线下还是线上,都能体现品牌互动对于企业的重要性,那些能与企业品牌共同进行价值创造的消费者,自身的品牌知识水平也会提高,参与共同创造的消费者将从认知上加深对企业品牌的理解。品牌忠诚度高的消费者拥有更多的产品知识,并且通过更多的互动方式表达和积累品牌声誉。关键意见领袖主播

---

[1] SUTANTO J, TAN C H, BATTISTINI B, et al. Emergent Leadership in Virtual Collaboration Settings: A Social Net work Analysis Approach [J]. Long Range Planning, 2011, 44 (5-6): 421-439.

[2] MCCOLL-KENNEDY J R, VARGO S L, DAGGER T S, et al. Health Care Customer Value Cocreation Practice Styles [J]. Journal of Service Research, 2012, 15 (4): 370-389.

[3] BRUHN M, SCHNEBELEN S, SCHÄFER D. Antecedents and Consequences of the Quality of E-customer-to-customer Interactions in B2B Brand Communities [J]. Industrial Marketing Management, 2014, 43 (1): 164-176.

[4] 田维钢,张仕成.连接赋能与场景深耕:在线知识付费产品的创新策略[J].现代出版,2020 (5): 58-64.

和平民中心主播与平台、消费者三者之间进行交流与互动,将为知识付费平台的繁荣发展提供人力和资源基础,构成了知识付费平台的内容资源、能力演化协同发展的动态机制。

第六节 企业动态能力理论研究

一、动态能力理论和要素构成

近年来,学术界比较关注企业与消费者互动对动态能力的影响,积累了丰富的关于企业动态能力的研究成果。Teece最早于1994年提出动态能力的概念,初步建立了识别、获取、转化的三要素框架[1]。他认为,在复杂多变的外部环境中,企业要维持竞争优势,就必须具备"整合、建立和重组内外部组织技能、资源和职能的能力",动态能力是指企业为应对市场变化进行的适应性调整,主要指企业利用内外部资源进行整合、构建和再造的能力。[2] 从组织过程视角来看,企业的资源整合能力、学习能力和资源重构能力等关联的动态性行为是动态能力的内在特征。[3]

学者对支撑组织价值共创动态能力的构成因素进行了探讨。企业的动态能力是可以识别的独特过程,在关键特征上具有共同性,在细节上

---

[1] TEECE D J. The Foundations of Enterprise Performance: Dynamic and Ordinary Capabilities in an (Economic) Theory of Firms [J]. Academy of Management Perspectives, 2014, 28 (4): 328-352.

[2] TEECE D J, PISANO G, SHUEN A. Dynamic Capabilities and Strategic Management [J]. Strategic Management Journal, 1997, 18 (7): 509-533.

[3] WU L Y. Applicability of the Resource-based and Dynamic-capability Views under Environmental Volatility [J]. Journal of Business Research, 2010, 63 (1): 27-31.

具有异质性,动态能力的维度是整合、重构、捕捉资源和释放资源。[1]动态能力的构建包括创新基础能力、市场基础能力、生产基础能力三个维度。[2] 服务主导逻辑、网络嵌入通过动态能力间接产生作用,动态能力在价值共创关系中起到的是中介作用,平台参与者既要重视服务主导逻辑的倡导和网络嵌入结构的优化,还要加强动态能力的培养和提升,提高价值共创的成功率。[3] 动态能力作为平台型企业演化发展的核心动力,通过数字化手段促进平台的不断演进,实现平台价值共创模式的升级转型,动态能力能在顾客价值共创与顾客市场价值之间起到一定的中介作用,包括学习能力、环境适应能力、变革创新能力和资源整合能力,进而发现动态能力推动平台实现"线下实体平台、线上虚拟平台、平台生态圈"价值共创模式演变的规律。[4] 在"服务主导能力"的概念中,动态能力包括企业个性化互动能力、关系互动能力、伦理互动能力、授权互动能力、发展互动能力和协商互动能力。[5]动态能力不是简单的过程,而是嵌入过程之中的。动态能力具有感知、学习和重构三个维度。[6] 企业与多元利益相关者在价值共创项目过程前后所需的动态能力有所差异,项目前能力由网络能力、映射能力组成,项目中能力由关

---

[1] EISENHARDT K M, MARTIN J A. Dynamic Capabilities: What Are They？[J]. Strategic Management Journal, 2000, 21 (10-11): 1105-1121.

[2] NGO L V, O'CASS A. Creating Value Offerings via Operant Resource-based Capabilities [J]. Industrial Marketing Management, 2007, 38 (1): 45-59.

[3] 武柏宇,彭本红. 服务主导逻辑、网络嵌入与网络平台的价值共创:动态能力的中介作用 [J]. 研究与发展管理, 2018, 30 (1): 138-150.

[4] 刘婕,谢海,张燕,等. 动态能力视角下平台型企业的价值共创演化路径探析:基于积微物联的单案例研究 [J]. 软科学, 2021, 35 (5): 138-144.

[5] KARPEN I O, BOVE L L, LUKAS B A, et al. Service-dominant Orientation: Measurement and Impact on Performance Outcomes [J]. Journal of Retailing, 2015, 91 (1): 89-108.

[6] WILHELM H, SCHLOMER M, MAURER I. How Dynamic Capabilities Affect the Effectiveness and Efficiency of Operating Routines under High and Low Levels of Environmental Dynamism [J]. British Journal of Management, 2015, 26 (2): 327-345.

系能力、知识管理能力组成。① 动态能力既可划分为感知能力、获取能力和转化能力②，也可划分为适应能力、学习能力和创新能力。③ 企业的动态能力包括对环境的识别能力、资源的整合能力、重构资源的能力、柔性化组织、领先技术等。④

由此可见，企业动态能力的研究具有多维度特征，每个维度之间都存在着一定的联系，在不同的竞争环境和行业背景下，动态能力强调的要素组合和能力特征的具体表现也有所不同⑤，在相对稳定的环境情境、新创业企业的研究中，可以使用动态能力进行分析⑥。

二、动态能力与企业协同演化

动态能力是企业进行变革的关键力量。企业可以通过资源的重新配置适应环境变化并进行战略转型。⑦ 学者对动态能力与价值共创之间的

---

① KAZADI K, LIEVENS A, MAHR D. Stakeholder Co-creation during the Innovation Process: Identifying Capabilities for Knowledge Creation among Multiple Stakeholders [J]. Journal of Business Research, 2016, 69 (2): 525-540.
② TEECE D J. Explicating Dynamic Capabilities: The Nature and Microfoundations of (sustainable) Enterprise Performance [J]. Strategic Management Journal, 2007, 28 (13): 1319-1350.
③ WANG C L, AHMED P K. Dynamic Capabilities: A Review and Research Agenda [J]. International Journal of Management Reviews, 2007, 9 (1): 31-51.
④ JIAO H, ALON I, KOO C K, et al. When Should Organizational Change be Implemented? The Moderating Effect of Environmental Dynamism between Dynamic Capabilities and New Venture Performance [J]. Journal of Engineering and Technology Management, 2013, 30 (2): 120-139.
⑤ 李彬，王凤彬，秦宇. 动态能力如何影响组织操作常规？——一项双案例比较研究 [J]. 管理世界，2013（8）：136-153.
⑥ TOWNSEND D M, BUSENITZ L W. Turning Water into Wine? Exploring the Role of Dynamic Capabilities in Early-stage Capitalization Processes [J]. Journal of Business Venturing, 2015, 30 (2): 292-306.
⑦ YI Y, HE X, NDOFOR H, et al. Dynamic Capabilities and the Speed of Strategic Change: Evidence from China [J]. IEEE Transactions on Engineering Management, 2015, 62 (1): 18-28.

作用机制进行了相关研究，动态能力是企业获得并保持竞争优势的关键所在，强调企业要更加有效地识别及发现市场需求和环境机会。动态能力的定义为企业拓展、改变和创造等高阶能力，能够提升企业对环境的适应性，加强核心能力更新和重构的优势。[1] 服务主导逻辑需要动态能力的发展，动态能力的内核主要指企业的整理能力，企业对内部资源的整合可以帮助企业提升价值创造理念，增强资源柔性，提高适应能力，为价值共创提供资源和能力等支撑；企业对外部资源的整合，可以获得更多的知识和信息，提高价值共创的效果和效率。企业持续动态地提升价值创造的能力和适应变化环境的能力，是实现共创主体协同匹配并影响顾客价值和企业价值的核心要素。[2] 从组织学习和知识管理视角来看，动态能力是一种集体的学习方式，学习机制、动态能力、组织常规是自上而下的三个层次，企业改变能力的过程实质是追寻、应用新知识的过程。[3] 动态能力促进了高阶技能的创造，主要体现在企业与顾客的互动过程中，这是企业战略目标设定和操作性事务管理过程必需的。[4] 总体来说，企业的学习、认知、社会资本、领导力、社会网络都会对企业的动态能力产生不同程度的影响[5]；反之，组织动态能力对价值共创也具有积极影响。

---

[1] CEPEDA G, VERA D. Dynamic Capabilities and Operational Capabilities: A Knowledge Management Perspective [J]. Journal of Business Research, 2007, 60 (5): 426-437.

[2] 黄嘉涛. 企业动态能力对价值创造的影响：共创体验的视角 [J]. 企业经济, 2017, 36 (8): 30-37.

[3] ZOLLO M, WINTER S G. Deliberate Learning and the Evolution of Dynamic Capabilities [J]. Organization Science, 2002, 13 (3): 339-351.

[4] AGARWAL R, SELEN W. Dynamic Capability Building in Service Value Networks for Achieving Service Innovation [J]. Decision Sciences, 2009, 40 (3): 431-475.

[5] 马子程，刘衡，张建琦. 智联网情境下企业商业模式创新的三阶段动力机制探究 [J]. 广东财经大学学报, 2021, 36 (1): 61-72.

三、资源交互对企业协同演化动态能力的影响

近年来,学者梳理了企业与消费者的资源交互行为对企业构建协同演化动态能力,进而实现营销转型的过程机制,深化了互联网情境下企业转型升级的能力理论。[1] Wernerfelt 提出了"资源基础论",他认为企业要保持可持续的竞争优势,关键在于具有价值性、稀缺性、难以模仿和替代的特殊资源。企业资源是指拥有的或者能用于支配实现战略目标的所有要素或要素组合。[2] 资源的利用、整合和分配,是企业动态能力发展的关键过程。在动态环境背景下,企业要想获得持续的竞争优势,需要积累有竞争力的资源,包括获取和配置有价值、稀缺、难以模仿、不可替代的重要关键性资源。[3]

资源交互是企业与消费者行为交互的基础内容之一。服务主导逻辑认为,所有经济性和社会性行动者都是资源整合者,价值创造所需的资源已经超越了企业与顾客之间的联结,将企业利益相关者等都纳入价值创造的网络,通过对不同主体资源的特征、效用进行重构和整合,可以为企业带来更多的价值。消费者价值分为经济价值和非经济价值两类,其中,经济价值为消费者创造的市场价值,包括顾客的市场消费额、市场占有率等;非经济价值为服务或产品价值,既包括服务质量和产品质量,也包括企业与消费者之间的关系价值。价值共创的主体可以利用资源的异质性和功能的互补性,使企业和企业之间、企业与顾客之间实现耦合匹配,减少资源溢出和同质竞争。从资源角度和能力角度对影响价

---

[1] DOZ Y L, KOSONEN M. Embedding Strategic Agility: A Leadership Agenda for Accelerating Business Model Renewal [J]. Long Range Planning, 2010, 43 (2-3): 370-382.

[2] BARNEY J B. Firm Resources and Sustained Competitive Advantage [J]. Journal of Management, 1991, 17 (1): 99-120.

[3] LIN YN, WU LY. Exploring the Role of Dynamic Capabilities in Firm Performance under the Resource-Based View Framework [J]. Journal of Business Research, 2014, 67 (3): 407-413.

值共创成功的前置因素和边界条件进行研究,在新的生产要素和资源整合联动过程中,实现价值共创。①

资源交互是价值共创的重要配置方式。目前,对于动态能力理论的研究主要关注以企业为核心的资源获取和资源利用。② 资源获取是指企业为了拓展和改变原有资源基础,通过识别和获取外部关键资源,进而促进组织能力重构和转型③;资源利用是指企业对内外部不同来源、层次和结构的资源进行分配、整合、重构与释放,使之符合企业的战略要求和组织惯例,进而构建具有系统性和价值性的企业内部资源组合,提升企业的动态能力④。

资源交互对企业动态能力的形成具有重要影响。第一,强调消费者价值,企业借助信息技术提升消费者数据收集能力,用数字化手段完善客户关系管理,进而在企业内部形成面向消费者的敏捷性和营销动态能力,重点关注企业针对消费者需求变化提供的个性化服务和做出的适应性调整。⑤ 第二,强调企业与消费者的互动和协同演化,从企业与消费者相互影响的角度,探讨企业与消费者的动态演化、平台分配和成长机制、企业动态能力和供应链战略转型。⑥ 第三,强调消费者在价值共创过程中的资源整合行为,从消费者行为角度发现消费者参与价值共创需

---

① 严建援,何群英. B2B 情境下顾客价值共创、动态能力与顾客价值间的关系研究:基于阿里出口通电商平台的实证[J]. 预测,2017,36(6):56-61.
② HELFAT C E, PETERAF M A. Managerial Cognitive Capabilities and the Microfoundations of Dynamic Capabilities[J]. Strategic Management Journal,2015,36(6):831-850.
③ WERNERFELT B. The Use of Resources in Resource Acquisition[J]. Journal of Management,2011,37(5):1369-1373.
④ EISENHARDT K M, MARTIN J A. Dynamic Capabilities: What are They?[J]. Strategic Management Journal,2000,21(10-11):1105-1121.
⑤ ROBERTS N, GROVER V. Leveraging Information Technology Infrastructure to Facilitate a Firm's Customer Agility and Competitive Activity: An Empirical Investigation[J]. Journal of Management Information Systems,2012,28(4):231-270.
⑥ 刘江鹏. 企业成长的双元模型:平台增长及其内在机理[J]. 中国工业经济,2015(6):148-160.

要整合的社会网络资源和个人资源;从资源论角度探讨如何通过企业和消费者之间的资源交互,实现资源的优化配置和转型升级。这是服务主导逻辑下,促进形成更高效的资源组合的重要方式,也是提升企业动态能力的关键。

第七节 本章小结

综上所述,研究消费者参与价值共创的过程机理和提升对策已经成为业界学界关注的热点议题,既有学者将价值共创作为前置影响因素研究其对创新管理的影响,也有学者将价值共创作为因变量分析顾客参与、资源交互对价值共创的影响,现有研究对解决知识付费平台价值共创问题提供了有益思路,但仍存在局限和不足。

第一,企业价值共创的研究成果在逐步积累,大多运用案例或实证方法研究顾客的价值共创行为,以静态视角看待企业与消费者的互动,现有文献中从服务主导逻辑视角对企业与消费者的价值共创过程机制和演变机理研究的成果较少,需要从动态、复杂的视角来看企业与消费者的价值共创行为。

第二,现有研究并未对企业价值共创过程中的资源问题进行深入探讨,对影响价值共创成败的动态能力因素认识不够充分,对动态能力的内涵和作用发挥探讨不足。在共享经济背景下,平台型企业的价值共创涉及个人语境、群体语境、平台语境等多个层次,现有研究较难适用于日趋复杂化与非线性化的知识付费平台发展新情境。

第三,将服务主导逻辑、动态能力、平台价值共创三者结合起来进行实证分析尚待研究和讨论。知识付费平台具有主体多元、资源迭代等特征。现有研究主要是描述知识付费、移动音频、有声书等领域的传播经验和商业实践,对知识付费企业实现价值互动、创新营销、转型战略和方法的研究成果较少，亟须结合具体案例情境进行深入分析，构建新的理论框架加强知识付费平台的内容生产和营销指导，使动态能力的研究成果更加丰富，更具适应性。

第四，在研究对象层面，现有平台价值共创研究的着眼点仍主要在于考察平台与用户之间的互动及其共同创造价值的模式及机制，缺乏平台与用户之间"中间主体"的参与，如音视频平台的主播群体、电商平台的卖家群体、出行平台的司机群体等。这类"中间主体"既是平台的用户，又是内容、商品、服务的提供者，双重性的身份特征使这一群体在价值共创过程中发挥着重要的连接、枢纽作用，但目前研究中对"中间主体"参与价值共创的过程的模型阐释有待进一步完善。

基于上述理论和实践背景，本书将以服务主导逻辑为基础，以动态能力理论为视角，选择知识付费领域的头部企业喜马拉雅FM和蜻蜓FM作为研究对象，以知识付费平台的演化机制和发展模式为研究内容，通过扎根于理论研究和案例分析，分析互联网情境下企业与消费者进行动态价值共创活动，促进企业与消费者互动过程作用机制，辨识价值共创情境下知识付费企业的动态能力，重点分析动态演化过程中动态能力的中介作用，构建企业与消费者价值共创、动态能力、消费者价值提升三者之间的机制模型，通过价值共创推动商业模式创新。本书能丰富服务主导逻辑、价值共创、动态能力领域的案例研究内容，系统描述平台与消费者进行价值共创的"黑箱"，为提升知识付费领域企业营销能力和消费者自身价值提供理论与应用启示，也为探讨互联网企业营销转型提供实践参考依据。

第三章

移动音频行业发展现状和商业模式特征研究

第一节 知识付费产品和移动音频产品的概念界定

目前,知识付费行业已经形成了规模大、主体多、品类多、潜力大的发展态势,市场竞争较为激烈。在研究企业的价值共创行为之前,首先科学界定知识付费平台的范围和边界,对行业现状、企业内容产品的特征和平台商业模式发展进行全面描述,有助于准确理解知识付费平台和内容产品的复杂性与特殊性,这是判断各参与主体行为的逻辑基础,也是以音频为主体的知识付费平台内容生产和治理机制的逻辑起点,对于厘清和界定内容产品的基本特征与边界,尤为必要和关键。

1962年,美国经济学家弗里茨·马克卢普(Fritz Machlup)首次提出了"知识产业"的概念。1975年,J. R. 古斯菲尔德(J. R. Gusfield)提出了"知识付费"的概念,他指出知识付费是建立在成员具有相同的爱好和目的基础上,形成分享彼此信息和想法的模式。[1] 广义的知识付费产业是指以付费的形式购买在线知识服务为核心,衍生出来一个利

---

[1] HAUSKNECHT M, GUSFIELD J R. Community: A Critical Response [J]. Contemporary Sociology, 1976, 5 (6): 826.

益相关但分工不同、能在各自的产业环节完成自循环的上下游业态集合体。早期的知识付费主要体现在出版、咨询、教育等方面，现阶段的知识付费产业逐渐由终端体系化向移动端碎片化、多元化方向发展。广义的知识付费是基于行政或市场对知识进行配置的交易；狭义的知识付费是利用市场，借助大数据、人工智能等技术，通过互联网进行传播，以移动支付作为主要支付手段，对知识产品进行优化配置的经济现象，即通过互联网平台进行的知识市场交易行为。[①] 还有专家认为，在线知识付费类产品，是指用户出于明确的求知、娱乐等目的，通过付费获得的在线知识内容和服务。知识产品，是指借助一定的载体和媒介开展交易行为，通过特定线上载体呈现出来的知识和服务，将个人知识或技能转化为知识商品[②]，消费者能为获得这些特定的知识和服务支付相应的费用。具体来说，由信息提供者将个人的知识或技能转化为知识内容商品，是消费者个人通过线上交易分享知识信息，获取知识收益的一种重要传播模式；通过付费交易获得知识，是消费者获得高质量信息服务的一种方式。

知识付费服务与传统的知识交易和付费模式的区别在于：第一，知识付费产业是基于互联网背景下产生的网络服务活动，指特定主体购买知识付费平台提供的知识信息产品，不同于线下图书购买、培训购买等实体消费和有偿交易的行为；第二，知识付费是指特定人群为获取知识及相关信息、技能、经验实施的消费行为，在线知识付费是一种获得高质量信息服务的手段，提供者将个人知识或技能转化为知识商品，消费者通过付费交易知识，随着移动互联网的发展，知识付费逐渐由终端体

[①] 袁荣俭.知识付费：知识变现的商业逻辑与实操指南[M].北京：机械工业出版社，2019：12.

[②] 林晓鸿."知识付费"场景中的阅读服务及其对出版行业转型发展的启示[J].编辑学刊，2022（3）：18-22.

系化向移动端碎片化发展①，不同于线上单纯的娱乐、消遣、游戏等相关消费行为。

知识付费的范畴很广，归属类别、内容生产、盈利模式和营销方式都有很大差异，文字图片类产品、音频类产品、视频类产品、虚拟现实类产品都是知识付费产品的具体表现形式。需要指出的是，由于数字音乐、网络小说等已经形成较为独立的产业体系，数字音乐专辑和数字流媒体服务要依据专业的音乐版权保护和交易系统来运营，网络小说产业链体系已经逐步完善。因此，一般情况下，数字音乐、网络小说等内容付费形式不归属于狭义的移动音频范畴，而是作为知识付费领域以外的内容付费领域单独进行研究。

广义的移动音频是指通过互联网传播和收听的所有音频媒介内容；狭义的移动音频是指以手机等移动端为载体，以录播形式为主，以直播形式为辅，以音频辅助文稿为主要传播方式的一种知识付费形态，包括音频节目（播客）、有声书、广播剧、音频直播、网络电台等，发展日趋成熟。移动音频已经成为知识付费领域的典型代表，音频类产品在整个知识付费市场上占有最大的市场份额，是当前知识付费领域最重要的产品形式之一。移动音频产品的优势在于，既具有传统广播的伴随性、代入性特征，能满足消费者场景化、碎片化需求，在成本、操作、共享等方面具有先天优势；又具有高度的人格化特征，能将个人经验和内容IP转化为产品，并在社交网络中迅速传播，传播影响力较强。近年来，视频类产品发展迅猛，能够融合呈现影音等观感体验，内容展现更加丰富，但音频内容仍然是知识付费领域最重要的媒体形式，移动音频类企业依然是知识付费行业的"主力军"。喜马拉雅FM、蜻蜓FM、荔枝FM、得到、凯叔讲故事等企业均是以生产音频类产品为主营业务，拥有较大

---

① 艾媒咨询. 2022—2023年中国知识付费行业研究及消费者行为分析报告［R/OL］. 艾媒咨询集团官网，2023-03-05.

的用户群体基础，相较于其他知识付费的商业模式，音频类的知识付费企业运营状况普遍稳定良好，且在知识付费领域已经做出了较为深入的探索，能够代表行业发展的水平。因此，本书主要以音频类的知识付费产品作为研究基础，通过对典型性的移动音频企业商业模式进行分析，"以点带面"地展现整个知识付费行业的运营和创新机制，见图3-1。

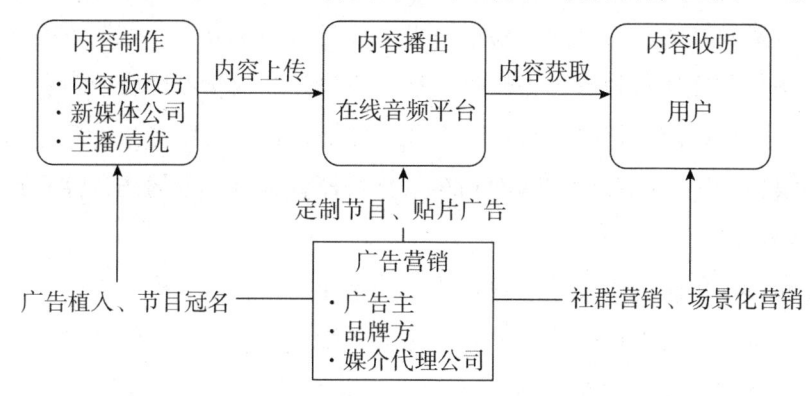

图 3-1 移动音频平台运行流程

第二节 移动音频产品的特征和类型

一、移动音频产品的基本特征

声音属于一种特殊的内容承载媒介，其内容呈现方式非常丰富，凡是能够表情达意的一切声音形态，诸如人声、音乐、音响，都称为"有声语言"。有声语言由语符、语义、语言的文化内涵三个层次构成，是音频企业内容产品的主体，也是音频营销的基础。通过对内容产品进行基本特性的分析，有助于我们更深入地理解数字内容产品的特性，发现影响音频企业和主播营销的着力点。移动音频内容产品的基本特征如下：

（一）伴随性和易得性

移动音频作为知识付费较早发展的领域之一，与音频内容本身的特点密切相关，区别于其他媒介表现形式，音频主要借助"听"的形式传递和获取信息，与"眼球经济"等形成鲜明的差异化发展路径，用户不需要通过视觉、触觉等其他感官，就可以接收到音频内容，这成了知识付费领域的主要模式。通过线上渠道进行知识分发，消费者能够在任何场景和任何行为状态中接收信息，不论是在线学习优质内容和专业知识，还是休闲放松、助眠等，都非常便捷，音频内容更容易营造出轻松的媒介氛围，呈现出移动性和轻量化特征，具有一定的场景性和行为的伴随性。

相较于传统的出版业、视频业，数字化的内容服务模式较轻，用户对于这种媒介形态可接受程度高，传播的即时性更强，能够通过满足人们的陪伴需求产生价值，这成为移动音频平台增加用户黏性的关键因素，音频内容产品的轻量化和伴随性特征，也成为打通媒体融合"最后一公里"的关键，能够有效提升内容产品的触达率、覆盖率。移动音频平台用户收听的场景较为多元，具有较强的易得性。以车载场景为例，用户收听移动音频以午休、驾车等为主。

（二）代入性和个性化

美国学者埃德加·威利斯和卡米拉·艾琳佐对音响语言的三个功能进行了阐述，分别是动作音响语言，由人、动物或物体的行动和活动发出的声音；背景音响语言，由自然界非人的行为动作发出的声音和人群的杂沓音响；象征语言，能触发人们联想或产生某形象和观念幻想的特殊声音。移动音频的语言属于有声语言，对于文字和情感的表达是通过声音符号传输的，这与文字符号和视觉符号完全不同。声音符号具有丰富的表现力，通过语调升降、语气强弱、节奏急缓、音量大小展现不同的听觉形象，口语表达更加通俗化、规律化，比较直接且感性，可以形象、生动、具体地表达故事内容，具有一定的层次感、节奏感、立体感和动态感,可以使听众产生相应的情绪、认可和共鸣,获得深度感官体验和思考空间,使声音符号更加立体形象地传达给听众,增强了消费者的临场感,为听众描绘出一幅"身临其境"的画面来,有声书、广播剧、小说等类型尤为如此,因此音频的媒介特征之一就是代入性。

知识付费企业不仅仅将知识简单地推销给消费者,消费者由于教育背景、成长经历、受教育程度,认知差异、价值观判断的不同,会对同一个知识付费产品产生不同的认知和想象,网络传输的知识和信息比较直接且感性,不受时间和空间限制,场景向多元化模式发展,在产品交易和传递服务的过程中可以把传递者的主观意识、自身理解,传递给听众,能够满足特定消费者和小规模消费者的差异化需求,实现情感交流和满足文娱需求,因此个性化也是知识付费产品价值的重要特征之一。

(三)专业性和情感性

在知识经济快速发展和传播语境变革的背景下,音频信息的传播正在向传递信息和知识、满足情感化需求的方向转变,更加关注传播过程中用户的个体发展、主观感受、自我认同、群体认同。专业性,是指知识付费产品的生产者和提供者,包括学者、专家、律师、医生等专业知识群体,或在某一方面具有专业技能的个人或团体,能够提供某一领域的专业化知识和意见。情感性,是指平台社群中的用户以音频产品的传播价值和社会情感为核心,将具有相似学习诉求、消费习惯和内容偏好的消费者联结在一起,通过互动、制作和消费内容产品,强化社会关系身份,建立社群中的文化认同和情感纽带。音频内容产品作为介质和载体,在用户成长方面,能够满足消费者提升个人知识技能和文娱方面的需求;在文化传播方面,具有表达思想、释放情感等属性。音频产品凝结了一定的认知、情感、关系意义以及社交价值,企业与主播,主播与消费者、消费者与消费者之间的互动,使消费群体获得文化层面的满足感和情感层面的共鸣感,增强了消费者对知识产品和服务的忠诚度与活跃度，这也是内容产品创作向专业化、情感化发展的必然选择。

（四）共享性和延续性

知识付费成为一种典型的社会文化现象，以开放型虚拟内容社区为依托，将社会中分散盈余的知识技能、智力资源加以整合，通过付费方式，面向个人和网络大众提供在线咨询、网络课程、信息共享等服务，用户可以通过点赞、评论、试听、收藏、分享、转发等操作，对节目内容进行互动评价，优质的内容往往具备更多的评论数、收藏数和点赞数，不论是来自平台的定向推送，还是来自听友间的口碑分享，都会使内容产品产生更多的流量，获得更多的关注。因此，通过共享行为能够实现快速传播、促进产品交易，这种传播和交互模式决定了知识付费产品具有一定的共享性特征。

音频内容的传播还具有一定的延续性特征。在内容持续更新的前提下，内容产品具有延续性。由于章节篇幅所限，有声书和音频节目大多以专辑系列的形式呈现，消费者需要持续收听，这有利于培养消费者对主播本身、内容节目的认可度和黏性，引导消费者有意识地保持收听行为。此外，收听场景具有延续性，由于移动音频具有断点续播等功能，消费者可以在不同场景、不同时段收听音频节目。消费者能持续感知到内容价值和知识服务，容易形成对平台和内容的信赖，可以让消费者持续产生为知识付费的意愿和对内容产品持续消费的习惯。以蜻蜓FM核心用户的收听数据为例，随着用户收听设备的多样化发展，核心用户收听的频率极高，通过对收听频次、时长、时段、场景等数据进行分析发现，近半数用户每天收听在3次以上，单次时长也呈现出长时段的分布，超过半数用户单次收听时长都在1小时以上，充分体现了音频产品内容和场景延续性的特征。

二、移动音频产品的主要类型

传统的移动音频业务是通过网络流媒体技术将广播电台和网络电台的内容在互联网平台上进行实时播放。随着业务逐步拓展，移动音频平台已经不局限于传统电台和图书的音频化模式，而是在内容上进行了较大的拓展。音频平台内容矩阵的丰富程度决定了其对于不同年龄层用户的吸引力，对于移动音频产品的类型，可以分别按用户需求、内容性质、内容类型、内容形态进行分类，见表3-1。

表 3-1　知识付费平台的内容分类

分类依据	分类结果
按用户需求分类	有明确目标的知识
	无明确目标的知识
按内容性质分类	工具知识
	认知知识
按内容类型分类	低频度使用的知识
	跨界度高的知识
	精粹度高的知识
	高场景度的知识
按内容形态分类	付费问答
	付费讲座
	专栏订阅

值得一提的是，各类型存在一定的相互交叉渗透，边界不完全清晰，不同的分类视角有助于我们从不同维度看待知识付费内容产品，可以结合不同类型主播的特点分析内容产品的功能，以及与消费者价值共创行为的差异。

表 3-2　知识付费平台的内容划分和细分类型

需求分类	内容划分	细分类型（部分）
消费性知识需求	兴趣爱好	广播剧、有声书、相声评书、历史文化、科普知识、脱口秀、旅游、汽车
	社交情感	情感生活、心理咨询
	生活服务	儿童文学、教育培训
	个性服务	美妆、私人定制
	答疑解惑	消费性知识问答
生产性知识需求	理财创业	商业财经、新闻资讯、理财知识、股市
	专业知识	经济研究、行业分析、管理知识
	工作经验	职业规划、个人发展
	创意策划	专业设计、活动策划
	学习提升	外语培训、教育培训、非虚构写作
	答疑解惑	生产性知识问答

在具体的内容形态上，依据消费性知识需求和生产性知识需求的差异，将音频节目类型不断进行垂直化细分，既有围绕某一主题或话题制作的音频节目，如相声、脱口秀、新闻资讯、公开课等，也有一人或多人根据不同章节、通过不同声音素材进行专业制作的音频内容，如有声书、广播剧、网络电台、语音直播、互动娱乐等，内容类型涵盖了有声小说、相声评书、综艺娱乐、影视原音、脱口秀、儿童文学、百科知识、商业财经、新闻资讯、教育培训、人文历史、IT科技等多个板块，体现出平台一直在向内容多样化方向发展，见表3-2。根据访谈情况，可知当前主流移动音频平台上的付费产品主要集中于有声书（以畅销书为主）、广播剧、儿童文学、经济文化等内容领域。从用户消费偏好来看，核心用户收听占比最高的内容产品首先是有声书，收听比例达到70%；其次分别是音频专辑、网络电台和音频直播，以上四类构成了音频内容的主要类型，也构成了移动音频和泛文化发展的重要内容形式。

除此之外,伴随着直播模式的兴起,音频直播也成为移动音频企业的重要发展模块,通过网络流媒体技术,主播能够进行实时的在线直播和信息传递,尤其是直播预约功能,将有效推动直播内容板块的快速发展,未来也将成为移动音频平台着力发展的重点领域。

第三节　移动音频行业的内容生产和产业链模式

一、移动音频行业的内容生产模式

"内容为王"是知识付费企业留住消费者,实现差异化发展、建立良好口碑的重点。从内容生产模式来看,移动音频行业的整体趋势以UGC和PGC的交错发展为主,依据产品类型和付费方式的不同,知识付费平台发展模式基本可以分为社交问答类、付费讲座类、专栏订阅类、社区直播类。[①] 移动音频企业或网站只需要建立一个面向公众开放的系统平台,便于用户发布内容;同时,设计具有竞争性的内容、创作激励机制,确保优质内容源源不断地触达消费者。通过内容生产者和消费者的共同努力,构建多元化的内容生产模式是提升平台竞争优势、实现内容产品商业价值的重要举措。

UGC是指"用户生产内容",即由用户将个人的原创内容发布到互联网上进行展示或售卖提供给其他用户,用户既包括能够提供其擅长技艺或独特见解的网红明星,也包括能提供个性化和多样化知识产品的普通用户,他们将知识信息转化为产品和服务,受雇于移动音频企业或者与企业有不同形式的商业合作,进而与平台一起建立有效的知识付费的

---

① 田维钢,张仕成.连接赋能与场景深耕:在线知识付费产品的创新策略[J].现代出版,2020(5):58-64.

生产和营销模式。PGC是指"专业生产内容",即由专业工作者开发和生产内容产品,专业工作者既包括都能提供各类标准化、系统化知识的专业知识生产机构,也包括能提供某一领域深度知识的专家学者。随着内容创作主体的多元化和用户规模的快速扩大,移动音频企业都在尝试优化内容生产模式,交错使用两种内容生产方式,未来具有一定专业特色和侧重点的平台将成为行业发展的主流。比如,喜马拉雅FM和蜻蜓FM都在强化综合性移动音频平台的定位,喜马拉雅FM最初以UGC模式打开市场,发展初期聚集了大量的个人用户主播,这些主播定期或不定期上传个人录制的音频内容,积累粉丝关注,发展成为具有独特风格的个人或者团队品牌,同时平台邀请明星、名人和专业人士进行音频节目录制,持续丰富PGC内容,现在喜马拉雅FM的内容生产正在向UGC和PGC两者相融合的PUGC(专业用户生产内容)方向发展。与其发展路径不同的是,蜻蜓FM发展初期是PGC模式的代表,目前依然重视内容产品的专业化制作和推广,一方面,蜻蜓FM与专业出版社建立长期合作关系,提供优质IP文学内容供给,严格把控专业内容质量;另一方面,蜻蜓FM重视对专业人才的培育与合作,加强内容产品的品牌价值,更加强调专业化内容生产。除此之外,凯叔讲故事APP专注于打造为儿童提供有声阅读服务的专业化平台;懒人听书以网络文学和畅销书为主要内容,与阅文集团达成合作关系,重点发展垂直类听书平台。可见,不同音频企业的发展路径和内容产品定位具有一定的差异性,这些企业能够吸引特定偏好的用户群体,在竞争中更加体现平台策略和内容产品的差异化发展。

二、移动音频行业的产业链模式

一般来说,平台的生态圈成员包括同边用户、跨边用户、价值链成员、利益相关者、政府和其他公民社会组织等。从移动音频产业链条的构成来看，内容产品的生产链条都比较短，以内容提供方、平台传播方和收听方为主。在音频生态中，产业链的上游是众多的新媒体公司和大量的主播，他们将书本知识、信息咨询、专业知识等与自身经验认知相结合，对音频内容进行持续创新，借助平台将其加工和打包成知识付费内容产品出售给线上用户；产业链的中游是知识付费平台，包括大众化平台、垂直化平台、社交化平台等多种类型，不同的内容产品和运营模式是各平台核心竞争力和经营差异化的核心；产业链的下游是知识付费用户，平台可以向用户进行直接推送，或通过社交媒体进行推广，用户是内容产品服务供给的对象，他们对内容的收听和持续消费将转化为对企业的忠诚度，是企业重要的营销对象，见图3-2。

内容供应方		知识付费平台		知识付费产品		用户
• 专家学者 • 网红大V • 行业内KOL • 明星IP • 专业知识生产机构	签约合作 技术支持 分成回报	大众化平台 垂直化平台 社交化平台	内容提供 付费模式 数据监测	制作付费产品 包装 上线展示 推广宣传	内容分发 传播渠道 购买学习	用户

图3-2 知识付费产业链模型

知识付费内容提供方种类多样，节目内容广泛，企业及其内容是移动音频行业双边市场中的主体环节，企业通过优质内容创造价值，围绕内容建设，打造品牌集群，进而构建生态化商业系统。移动音频产业的主体、环节、输出成果等与传统的出版行业、广播行业具有一定的相似性，将知识内容和服务凝结为内容。产品获得当期及长尾的销售收入，加之音频播放过程中的广告收入，成为移动音频企业主要的盈利来源。在泛媒体传播时代激烈的市场竞争下，移动音频与文字、视频媒介共同组成内容传播矩阵，普通消费者、业余爱好者、专业制作者都可以参与到内容制作和与消费者的价值共创过程中，垂直内容可以更加细分化，服务于不同群体需求，长尾分布趋势更加明显。

从音频用户访谈可知，随着消费者赋权和互联网企业重心下移，内容提供方在整个知识付费产业链中占有主动和核心地位，具有一定知名度和影响力的知识生产者能够给平台带来流量和人气。原因在于，第一，内容变现的动力来自粉丝和流量，内容提供方一般都是各细分领域的专家学者和人气明星，用户对音频内容 IP 的认可度是促进销售的重要因素，能将知识变现，并且具有原创能力的内容提供方较为稀缺，是企业竞争优势的来源之一；第二，移动音频平台竞争度高，在运营模式趋同化的前提下，对于优质内容的竞争更加激烈，并且内容提供方选择平台的能力强，平台要尽量争取这些内容提供方的依赖度和黏性，这成为平台竞争突围的关键，也是本书将特殊消费者和普通消费者作为重点调研对象，考察他们与平台、用户之间通过互动合作进行价值共创的重要原因。

三、移动音频行业的竞争格局

移动音频行业处于成长期阶段，随着知识付费行业用户流量红利资源逐步释放，内容变现速度放缓，各平台进入市场的时间、运营能力、融资策略、资金实力等有所不同，因此各平台的影响力、盈利能力、市场份额也有显著差别，市场基本呈现垄断竞争特点，各平台都在积极拓展市场份额和争取市场地位，逐步形成了头部、腰部集中优势资源，多平台激烈竞争的市场格局。整体来看，行业竞争呈现出强者愈强的"马太效应"，喜马拉雅 FM、蜻蜓 FM、荔枝 FM、酷我畅听、企鹅 FM、懒人畅听等平台已经形成了较为完善的商业模式。喜马拉雅 FM、蜻蜓 FM、荔枝 FM 三大平台长期占据着头部地位，用户规模占据绝对优势，用户规模占据绝对优势。

腰部和尾部平台重点进行内容差异化和细分领域的突破，它们的用户规模均不及 500 万人，由于内容提供方不仅可以在一个平台上提供内容，还可以通过不同渠道，在多个平台供应内容定位不同的音频，腰部和尾部平台依然可以通过差异化的市场定位和独特的产品质量，满足小众用户的多元化需求，在细分市场和垂直领域积累竞争优势。目前，平台内容供给与满足消费者日益增长的多元化需求之间还存在差距，未来市场仍有很大的发展空间，盈利模式还需要进一步探索，行业企业需要持续深耕优质内容产品，提高创新管理效能。

第四节　移动音频平台盈利模式和营销模式

一、移动音频平台的盈利模式

《2023 中国网络视听发展研究报告》显示，2022 年互联网音频市场（含音乐）用户规模约为 6.9 亿，未来行业用户还将持续快速增长。移动音频平台具有双边市场的典型特征，平台既发挥了中介性作用，也推动了两方双边需求的适配，对买卖双方都具有互相吸引的连接能力。交易双方的收益和对应一方的数量呈正相关关系，用户规模越大收益越高，平台企业向某一边用户收费的变化会影响另一边用户的规模，因此平台提供免费的内容产品，将会吸引双方用户参与到平台内容生产和分发的过程当中，如果平台对消费者一方收费，就会对用户规模产生影响，将最终影响平台的盈利水平和平台本身的价值。在共享经济时代背景下，知识信息成为传媒市场中最重要的资源之一，平台只有积累和突破一定的用户规模，通过售卖高质量的内容产品，聚集和吸引越来越多的用户参与互动合作，才有可能实现盈利。因此，成熟可持续性的盈利模式是知识付费企业内容产品稳定营销、价值变现的保证。

知识付费企业的变现能力，是指知识供需双方的心理收益和社交收益[1]，知识付费应用可持续发展的两大要素是平台机制和用户意愿，感知有用性和感知易用性会影响到用户使用知识付费产品的意愿，其中，影响用户感知的因素具体包括主观规范、使用者形象、工作相关性、产出质量、成果的可证性等[2]。通过对自发生产的网络内容用户的付费意愿进行研究，发现期望效益、产品质量、提供者的声誉三个因素会影响用户的付费意愿[3]。个体需求和信任是决定付费行为的最重要影响因素，平台提供内容质量是影响付费行为的关键所在。[4][5] 结合实证研究，发现期望确认程度对知识付费APP的持续使用意愿有正向影响，要尊重内容生产者的智力劳动，还要培养用户群体的版权意识。[6]

在优质内容的支撑下，知识付费企业持续优化商业模式，如何通过知识变现实现内容产品的商业价值一直是学界和业界关注的核心问题，知识付费已经成为大众接受并且经济高效的知识获取模式，能将用户需求和内容供给联系起来，通过各种方式鼓励产出优质音视频内容，增加用户黏性，提高企业收益率，最大限度节约时间成本和交易成本。移动音频平台目前的盈利方式主要有付费点播收听、会员订阅、音频广告、电商和智能场景。

---

[1] LAKHANI K R, HIPPEL E V. How Open Source Software Works: "Free" User-to-user Assistance [J]. Research Policy, 2003, 32 (6): 923-943.

[2] 彭兰. 平台机制与用户意愿: 知识付费的两大要素解析 [J]. 中国编辑, 2018 (11): 11-17.

[3] LOPES A B, GALLETTA D F. Consumer Perceptions and Willingness to Pay for Intrinsically Motivated Online Content [J]. Journal of Management Information Systems, 2006, 23 (2): 203-231.

[4] 张帅, 王文韬, 李晶. 用户在线知识付费行为影响因素研究 [J]. 图书情报工作, 2017, 61 (10): 94-100.

[5] 周涛, 檀齐. 基于社会资本理论的知识付费用户行为机理研究 [J]. 现代情报, 2017, 37 (11): 46-50.

[6] 赵保国, 姚瑶. 用户持续使用知识付费APP意愿的影响因素研究 [J]. 图书馆学研究, 2017 (17): 96-101.

（一）付费点播收听

知识付费平台利用专家、明星、大V的知名度和品牌影响力，打造细分领域的精品栏目，对具有稀缺性的精品栏目的售卖和付费，是平台资金流和信息流的最主要来源。2016年6月，喜马拉雅FM首次尝试付费订阅，前央视主持人和奇葩天团共同打造《好好说话》节目，成为平台首个付费节目，运作模式就是马薇薇、胡渐彪等专业的辩论人才进行"口才培训"相关内容的输出，限时售价198元/年，栏目推出当日共售出25731套，销售额突破500万元。同时，喜马拉雅FM推出"付费精品"专区，以重点打造个人IP作为主要的营销策略，邀请郭德纲、马云、龚琳娜、蔡康永、樊登等明星大咖制作原创音频专栏和节目，售价为99元/年和199元/年。[1] 2019年，喜马拉雅FM推出了《三体》广播剧，通过对内容IP的深度挖掘和对精品栏目的生产制作，突出内容优势，增强消费者对品牌栏目内容的兴趣和联动。喜马拉雅FM尤其重视版权资源的储备和丰富程度，通过购买书籍版权、IP版权等手段发挥自己的特有优势。目前，喜马拉雅FM已经拥有市场上70%畅销书的有声版权，其中《人世间》《甄嬛传》等有声剧创下超高播放量，加上同时布局和落实发展关键意见领袖的战略，不管从内容上还是表述形式上，能够满足消费者多样化的需求，具有较强的可持续发展能力。

对于精品付费栏目的营销，除了通过考察用户的行为数据和内容偏好进行推送和分发外，还能根据其喜好及环境、场景，通过智能设备进行语音交互，识别用户声音和情绪，推送和提供定制化的内容。优化推荐服务策略，将有力提升主播和节目的曝光度，进一步挖掘用户的消费需求，这也成为当前精品付费产品内容分发和营销的主要方式，不断刺

---

[1] 张琦. 数字化阅读模式研究：以有声读物类应用为中心[J]. 编辑之友，2017（7）：17-21.

激用户对于付费内容产品的消费欲望,增加用户对优质内容产品的黏性,平台也在付费模式下获得发展契机,见表3-3。值得一提的是,优质内容除了站内付费销售外,部分音频平台还对非独家的内容,通过微信、微博等媒体平台进行转载和传播,形成开放平台内容矩阵,进一步扩大数字内容的影响力,拓展付费渠道。

表3-3 蜻蜓FM细分场景推送内容

场景类型	产品名称	产品核心用户画像
休闲	东野圭吾《白金数据》	男性占68%,以"80后"至"00后"为主
休闲	《蒋勋细说红楼梦》	女性占65%,以"80后"至"95后"为主
通勤	费勇《33堂金刚经修心课》	女性占63%,以"70后"至"90后"为主
通勤	张悦然《我们这个时代的世界文学巨匠》	女性占78%,以"75后"至"00后"为主
居家	《此时此刻》	女性占55%,以"70后"至"00后"为主
居家	张召忠《局座讲风云人物》	男性占85%,以"70后"至"00后"为主
居家	《史记百讲》	男性占84%,以"70后"至"80后"为主
亲子	《米小圈上学记》	6~9岁
亲子	《怪物大师》	9~15岁

(二) 会员订阅

会员费是移动音频平台主要的收费模式。以蜻蜓FM为例,目前总用户规模超过4.5亿,生态流量月活跃用户量1亿,超级会员数早已达到千万级以上,会员已经成为平台忠诚度高、黏性强、消费能力强的主流消费群体。平台与用户建立强连接，提供系列化的会员增值服务，吸引用户成为付费会员，享受内容畅听、折扣购买、优先下载等特权，带给用户升级的消费体验。VIP 会员能够得到独家音频、文稿内容，免费畅听非售卖节目，抢先听内容产品，特惠购衍生产品；既能够享受到超高音质、免声音广告、炫彩弹幕、尊贵标志、专属客服、畅读电子书等服务，还可以参加线下的见面会、会员抽奖等活动。2018 年 9 月，喜马拉雅 FM 首次与腾讯推出联合会员，以此为样板，音频平台与互联网公司共同推出了一系列的联合会员活动，这成了知识付费用户的普遍选择。用户选择付费购买联合会员，既能享受到音频平台 VIP 会员的权益，还能共享其他互联网公司提供的会员福利，涵盖购物、办公、运动、健身、娱乐等多方面，成为平台拓展场景和建立生态的重要举措，切实增加了会员权益和福利，见图 3-3 和图 3-4。平台会员制的实施，使消费者分级和产品专属定制服务成为可能，强化了会员群体认同感和对消费者的分层差异化管理。在会员模式下，不论是平台还是主播，音频节目的商业价值都不再局限于线上，实现了线上引流、线下参与的营销模式，平台内容变现能力迅速提升。

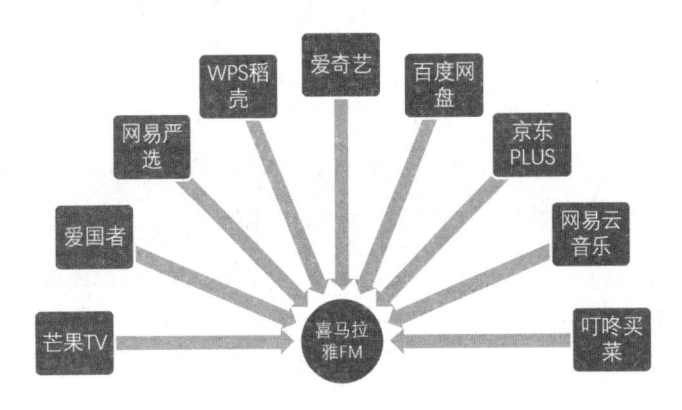

图 3-3　喜马拉雅 FM 联合会员合作组织（部分）

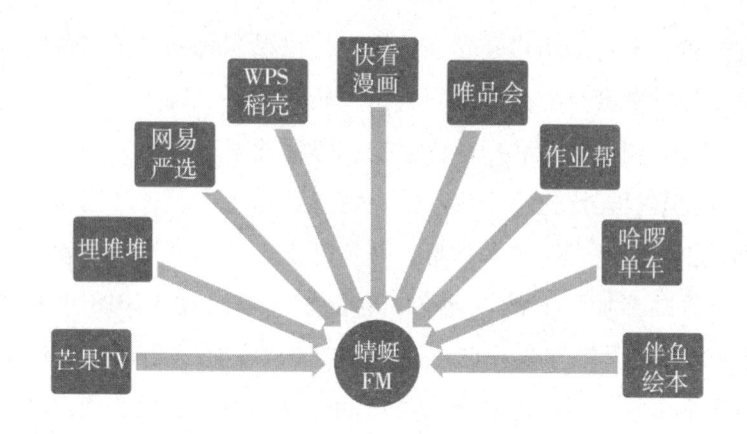

图 3-4　蜻蜓 FM 联合会员合作组织（部分）

（三）音频广告

在音频行业产业链中，广告方和媒介代理公司也是重要的组成部分，他们可以根据自身的需求选择合适的内容产品和目标用户进行精准营销，进而实现流量和品牌价值变现。由于音频内容产品的生产成本和库存压力较小，音频产品同样具有内容产品"二次销售"的特征，音频广告的具体形式包括开屏广告、节目播放界面弹出式图文广告、节目冠名广告、主播口播的植入式广告、贴片广告、推荐界面中的信息广告等。

由于音频内容产品也具有"二次销售"的属性特征，音频广告成为平台盈利模式的主要来源，大数据技术使音频广告的投放和插播越来越精准化，广告内容和音频产品的关联性不断提升。在内容产品中衔接和融入创意广告、植入广告、品牌素材、原生广告等，也成为平台发展音频内容的主要收益渠道之一。广告也是平台开展电商销售和企业商务合作的重要形式。

（四）电商和智能场景

知识付费产品向教育培训、社交拓展、娱乐游戏、移动支付等方向的场景搭建发展日趋明显。智能场景的建设可以延伸音频内容产品的触达率和覆盖面。由于人工智能、AR/VR 虚拟现实、语音交互、可穿戴设备等技术的持续升级，音视频设备之间的协同联动、内容共享模式更加丰富，用户购买智能产品和优质内容成为趋势，与传播场景细分和用户体验优化相关的软硬件交易，已经成为音频平台盈利模式重要的增长点。自 2017 年 6 月小雅 AI 音箱上市起，以喜马拉雅 FM 为代表的音频平台率先打造多场景的内容消费体验。随后，喜马拉雅 FM 与华为进行合作，不但共同打造华为智慧屏、智慧车载系统、智能音箱、AI 听书耳机等设备产品，还将音频内容植入华为设备自带的华为阅读、华为视频、华为音乐等应用中，通过多平台共享提升软硬件盈利能力，实现汽车座舱、家居环境、办公场景、运动场景等的深度融合，既能通过语音操作软件，也能为消费者构建全场景沉浸式的消费体验。此外，平台音频节目和视频节目同步发展，也使平台逐步开发出衍生图书、实物商品、相关礼品等变现产品，让音频平台的电商销售网络更加全面，带动实体商品销售。

二、移动音频平台的收益分成

内容提供方（个人、团队或自媒体企业）直接给平台提供知识产品，进而获得薪资和收益分成。大部分情况下，音频产品仅具有制作成本和传输成本，由于传播的边际成本和增量成本很低，有时甚至约为零，在用户规模和市场份额达到一定程度时，内容产品的成本和投入几乎不变，知识付费产品的运营属于轻资产经营模式。在此背景下，内容提供方的收益主要来自销售收入、平台分成收入和广告收入三部分。销售收入来源于将知识产品出售给平台的收入，以及消费者支付的费用。平台分成收入，是指在平台上销售知识产品后，在平台获得的分成收入。一般情况下，大多采取"五五制"（销售收入平台五成，主播五成）或"六四制"（销售收入平台六成，主播四成）模式进行销售收入的分配，签约主播的分配比例基本上是确定的，平台根据主播级别、传播效果等，在每个签约周期结束后，适当调整分成比例。广告收入来自内容提供方在知识产品中植入广告或者在内容购买、播放界面中植入广告获得的广告商支付的费用，这也是平台主播收入之一。

对内容提供方来说，当创作知识产品的收入大于机会成本时，实现盈利。对知识付费企业来说，当总成本大于内容研发和员工的人力成本时，实现盈利。因此，建立科学合理的收益分成模式是企业实现良性循环，持续供应高品质内容产品的激励基础。

三、移动音频平台的营销模式

（一）热点营销

网络造节是推动内容产品销售、提高流量的一种重要方式。调查数据显示，近90%的付费用户表示在节日优惠期间购买在线内容产品的意愿更高，通过平台推出的网络促销节日活动，实现内容产品热点话题、延伸话题等辐射功能，加强平台的外部引流。比如，喜马拉雅FM自2016年起每年都策划不同主题的"知识狂欢节""云听好书节"等，设置话题参与、挑战答题等活动，为平台引流，引起舆论关注。2023年4月，喜马拉雅FM第六届听书节内容消费需求旺盛，有声图书内容播放量同比增长60.8%，纸书销量同比增长214%，听书、听课、听博客成为流行趋势。节日营销期间，移动音频平台通过汇聚优质和热门内容，对两边用户进行外部性补贴，集中发放交叉补贴和折扣优惠，是平台营销推广和扩大用户规模的有效手段及服务逻辑。同时，平台还会邀请和聚集知名的付费栏目专家、明星、关键意见领袖等参与，将粉丝效应和强化音频类产品的品牌形象结合起来促进营销，对潜在的新用户和已有的付费用户推出设置话题、参与活动、赠送奖品、专享折扣、购买优惠等服务，创新音频产品的传播和互动方式，展现高品质的内容产品和社群氛围。比如，得到"逻辑思维"专栏会从其他热门订阅专栏中选取主题，以第一人称视角加工和整合相关内容，在丰富平台内容的同时，加强内部不同品牌产品之间的二次连接和交叉推荐，起到了平台内部引流、获客等作用。

（二）社群营销

社群营销主要体现在新媒体平台的联动和用户群体的维护方面，围绕关键意见领袖组织和搭建的知识社群是营销的主要阵地，平台内外、线上线下联动，侧重发展平台的社交属性，将为平台盈利创造更广阔的空间。知识社群中，平台、主播和消费者通过互动营销和价值共创，构建了"内容—群体—付费产品"之间多重模式的融合模式。从社交媒体到内容社群，平台将音频产品的内容传播和社交媒体的交互运营协同推进，主播与消费者的沟通交流渠道得到极大扩展，明星主播的商业价值和变现能力更加凸显，聚集了一批核心听众，点赞、打赏也成为消费者群体普遍采取的支持主播的方式，为社群营销向商业模式变现发展提供了基础。同时，平台也在更大范围开展面向全体用户群体的社群营销，推出社群互动和内容推荐，在音频产品内部嵌入打卡、签到、抽奖、领优惠券礼包、小游戏等功能，增强用户登录平台进行学习和消费体验的趣味性与互动性。比如，蜻蜓FM的会员成长中心通过达人用户等级、完成日常任务、签到收听内容赚积分、浏览频道栏目赚积分、成长值计算等方式建立会员成长体系；得到APP以学习为主题，开展一系列互动设计，包括学习笔记、学习日历、成就系统、学习计划等，利用内容和形式变革，满足高品质知识需要，在很大程度上激发用户参与的积极性，并利用社群营销为用户提供连接体验和精准化的知识传播服务，只有构建起内容与场景并重的"两翼"，才能实现平台盈利和知识付费行业的良性发展。①

可见,热点营销和社群营销都为企业与消费者的深度互动创造了基础条件。知识付费平台的崛起,带来的是企业与内容创造者、消费者三者之间连接和交互方式的变化,知识付费平台不再是内容产品的唯一提供者,内容创造者的价值更加凸显;沟通方式的变化也使消费者与企业、消费者与消费者之间的互动联系更加密切。在知识付费平台上,主要通过以个体为中心的分散式多节点实现信息传播,消费者不仅是内容产品的需求者,还是价值创造的参与者②,消费者的参与和意见表达对产品开发、营销传播、改进升级等均产生重要影响③。移动音频行业产业链条逐步完善,内容生产者的参与热情逐渐高涨,内容产品的商业价值也逐步得到凸显。知识付费平台的发展关键在于技术升级和服务改善,内容、社交、场景"三位一体"的服务模式将成为发展趋势,利用头部资源引流和扶持尾部资源构建多元化的知识付费内容,将成为促进知识付费市场发展的基石。④

第五节　本章小结

本章以移动音频行业代表性企业的发展模式和商业模式为基础,通过实地调研、文献梳理、归纳演绎对移动音频行业现状和营销特征的研

---

① 庹继光.内容与场景:知识付费"两翼"如何构建[J].新闻战线,2018(5):40-42.
② DINNER I M, HEERDE VAN H J, NESLIN S A. Driving Online and Offline Sales: The Cross-channel Effects of Traditional, Online Display, and Paid Search Advertising [J]. Journal of Marketing Research, 2014, 51 (5): 527-545.
③ 肖静华,谢康,吴瑶,等.从面向合作伙伴到面向消费者的供应链转型——电商企业供应链双案例研究[J].管理世界,2015(4):137-154,188.
④ 喻国明,郭超凯.线上知识付费:主要类型、形态架构与发展模式[J].编辑学刊,2017(5):6-11.

究，分析影响平台发展的指标因素，重点分析平台的生产模式、产业结构、盈利模式和营销机制，从多个维度全面掌握目前我国知识付费行业内容生产、商业变现、付费盈利的现状。通过理论探讨与实践剖析相结合，对现有平台、内容提供方和消费者之间的资源交互与协同能力进行初步研究，揭示移动音频平台内部运行机理和管理路径，侧重分析市场竞争格局，探索影响平台价值共创和协同演化发展的关键因素。需要指出的是，平台盈利性的商业模式并不等同于价值共创与共享活动的商业实践，对盈利模式和营销方式的研究，将为我们进一步探讨知识付费平台价值共创机制提供数据和信息支撑。

第四章

研究方法

第一节 方法选择

本书主要是以知识付费市场中头部音频平台与主播之间的价值共创机理为重点,探究移动音频平台作为典型知识付费平台在与主播价值共创过程中的作用机制。基于上述分析,本书探索并提出以下问题,包括移动音频企业与主播价值共创的过程和机理,移动音频企业与关键意见领袖主播、平民中心主播协同演化双向资源交互过程,以及如何才能优化价值共创模式和实现机制。为此,本书针对移动音频企业与消费者协同演化,实现价值共创管理过程的研究,需要对演化过程和多主体的互动关系进行阐释,选取案例研究方法较为适合。

案例研究适用于对事物发展过程进行解释和对机制问题进行探讨,适合过程类和机理类问题的研究。[①] 案例研究借助过程描述和细节分析,对主体间的资源交互过程和动态能力演化机制进行分析,能够体现企业与消费者的协同演化过程,有助于回答和解释"如何"和"为什

---

① EISENHARDT K M. Building Theories from Case Study Research [J]. Academy of Management Review, 1989, 14 (4): 532-550.

么"的问题。在案例数量的选择上,本书采取了多案例的研究方法,重点选取喜马拉雅 FM 和蜻蜓 FM 作为案例研究对象,两家企业都是移动音频行业的头部企业,市场份额分别位列第一和第二,典型特征能够反映本书的研究问题;两家企业在与主播合作互动、内容创新上既有共性,又有差异,有利于从现象中挖掘并归纳规律,全面掌握两种不同类型主播在价值共创过程中的演化机制,便于发现两类消费者在营销转型方面的异同。相较于单案例研究,多案例方法能够发现更多构想,依照"复制"逻辑和比较分析的思路开展研究,增强研究结论的稳健度和普适性,确保研究调查的深度,更好地帮助掌握案例情境的特征。①

同时,扎根理论(Grounded theory)方法能够将理论与经验、抽象与具体联系起来,通过多级编码程序,深入挖掘资料范畴,厘清范畴之间复杂交织的本质关系,进而得出相应的研究结论。基于丰富的案例资料,本书尝试归纳移动音频平台价值共创过程理论,因此选择扎根理论研究方法开展案例研究,更加符合研究主题,将为后续推动移动音频平台价值共创发展和管理创新提供依据。

第二节 样本选择

一、抽样原则

本书对案例备选对象进行严谨细致的甄别,依据案例研究方法中案例选择典型性和理论抽样的原则,结合所研究的问题,满足理论建构的

---

① LEVITT T. Marketing Success through the Differentiation of Anything [J]. Harvard Business Review, 1980, 58 (1-2): 83-91.

需要。通过案例研究设计与质性分析方法，揭示移动音频平台与主播之间的价值共创过程和协同演化机制。为尽可能保证本次研究对其他音频平台未来发展具有启示性意义，本书选择研究对象的标准有以下几个。

第一，被选择的音频平台要具有行业代表性与市场前瞻性。行业代表性，是指该音频平台在知识付费领域中较为典型，具有较强的知识付费特征与音频平台属性，即以知识付费作为主要盈利方式、以音频内容作为主要产品形式的行业优秀践行者。市场前瞻性，是指该音频平台具有明确的长期发展目标，对行业的未来发展趋势能够做出较为准确的预判，并能根据预判对平台未来的发展规划做出与时俱进的调整。因此，本书基于市场份额、内容特征、主播结构等方面考虑，选取喜马拉雅FM和蜻蜓FM两个平台为研究对象，两家企业均属于综合类移动音频平台且流量较大，已经培育出了一批优秀主播，积累了丰富的内容产品，能够体现价值共创的特征。

第二，被选择的音频平台高度重视主播的规划发展。在音频行业中，主播早已成为音频内容的创作主体。单纯依靠音频平台本身进行音频内容创作，较难满足广大音频消费者群体多元化需求，只有丰富主播类型、提升主播能力、培育优秀主播，才能使音频平台在知识付费领域具有强大的竞争力。因此，平台与主播同步发展、互利共赢是音频平台可持续发展的关键所在。这两家平台均建立了较为完备的主播互动交流合作体系，具有明确的主播筛选和培养流程，通过构建价值共创网络，在识别、共享、对接各个发展阶段向主播提供所需的资金、技术、流量扶持、内容版权等多种资源，能够实现移动音频平台价值共创的内在机制。

第三，被选择的音频平台重点关注的主播群体有所差异，虽然两家企业都声称发展PUGC内容生产模式，能够集合UGC、PGC的双重优势，但是蜻蜓FM更侧重精品化内容定位，以发展关键意见领袖、专家生产内容为主要方向；喜马拉雅FM更擅长在用户生产内容的广度上帮助平台上的诸多"草根"主播通过平台孵化成为声音大咖，包括采采、窦超等主播。因此，两家企业在分享内容生产、主播培育、用户运营等方面具有较高配合度，能够帮助本书深入了解音频平台与主播同步发展过程。本书不仅需要对音频主播进行访谈，还需要根据研究问题与平台工作人员进行沟通，尤其针对不同的经营战略重点的探索，能够帮助我们从企业与特殊消费者两个维度，了解不同移动音频企业与关键意见领袖主播、平民中心主播之间的协同演化机制。

二、选择依据

根据以上研究对象的必要特征，本书选取喜马拉雅FM、蜻蜓FM音频平台作为案例企业，将两家企业的管理者与该平台上的知名主播作为主要访谈对象，围绕平台与消费者的互动合作进行研究。选取案例企业主要基于以下几方面的考虑。

第一，喜马拉雅FM、蜻蜓FM在发展之初以网络电台为主，经过多年的积累和发展，目前已经成为知识付费领域规模较大的移动音频服务平台。两家企业的业务拓展和纵向发展过程具有代表性与典型性，始终保持着市场热度和顶级流量，企业内容生产体系完善，主播结构和发展路径有一定的差异，符合本书的研究方向。

第二，喜马拉雅FM、蜻蜓FM都属于移动音频行业的龙头企业，长期致力于发展PUGC内容生产生态模式，从内容定位到发展战略，将互联网深入发展的过程融入企业发展的全过程，突出打造专业内容品牌的战略方向，逐步转型升级形成"平台+主播"的生态圈发展模式。在互联网环境的动态发展中，两家企业具有典型的动态能力和演化机制特征。

第三，与知乎、懒人听书、得到、在行一点（原分答）等在细分市场上的平台定位和发展模式不同，喜马拉雅FM、蜻蜓FM能够打通产业上下游形成完整的音频生态链，这种发展模式更加具有综合性、系统性，有利于同类型知识付费企业学习借鉴。两家企业的内容量和用户量都在持续增长，平台的演化路径和发展模式具有典型性，为本书提供了可借鉴的实践价值。

三、案例描述

（一）喜马拉雅 FM 案例基本信息

喜马拉雅 FM 创立于 2012 年，以"用声音分享人类智慧"为使命。2021 年，喜马拉雅 FM 平均月活跃用户达到 2.679 亿个，包括 1.156 亿个移动端平均月活跃用户和 1.523 亿个通过物联网及其他开放平台收听音频内容的平均月活跃用户，在用户基础方面有较大优势。

喜马拉雅 FM 拥有丰富的音频内容生态，为内容创作者和用户搭建了共创平台，其内容生态不仅带领着音频行业创新，也吸引了大量文化和自媒体人投身音频内容创业，共同创造了覆盖财经、音乐、新闻、商业、小说、汽车等领域的有声内容。2016 年，借助知识付费快速发展的东风，喜马拉雅 FM 开启国内首个内容消费节——"123 知识狂欢节"。喜马拉雅 FM 的行业引领在于不断深耕内容资源，扩展更多消费场景，通过建立全音频生态系统，强化品牌价值。付费订阅业务是喜马拉雅 FM 增长最快的变现模式之一，早于 2021 年收入占比就已经超过 50%，具体包括会员订阅及付费点播收听服务。

喜马拉雅 FM 鼓励任何人在平台上创作音频，聚集人气，帮助平台上的主播实现"微创业"。平台上有详细的主播成长体系介绍，同时提供录音指导和运营推广策略。目前，平台已拥有 400 万名主播，包括 8 万名认证主播，其中既有罗振宇、郭德纲、王自健、韩寒等 6000 位自媒体大咖投身音频"微创业"，也有诸多"草根"主播通过平台孵化成为移动音频行业核心人物。自 2018 年起，喜马拉雅 FM 宣布未来每年加大投入力度，从资金、流量和创业孵化三层面，全面扶持音频内容创业者，尤其是面向大量"草根"主播和自媒体人建立一套完整的集挖掘、筛选、培养、商业化于一体的培养体系，极大地提升了"草根"主播群体的内容创作热情，带动大量音频主播入驻平台和成长发展，将主播培养作为精品内容创作的关键。

（二）蜻蜓FM案例基本信息

蜻蜓FM于2011年9月在上海成立，初期依托央广之声构建了互联网移动音频内容生态，已经成长为国内领先的音频内容聚合平台之一。目前，蜻蜓FM总用户规模超过4.5亿个，生态流量月活跃用户量1.3亿个，生态流量日活跃用户数2500万个，认证主播数超35万名。在音频全场景时代，蜻蜓FM已接入600家合作伙伴、9000万台智能设备，智能设备单日播放总时长2500万小时，生态营收单月复合增长率20%。蜻蜓FM的经营口号是"听得见的，美好生活"。企业产品以网络音频应用为主，包含了国内外1500家网络广播，并与各地方电台合作，将网络电台和传统电台业务进一步整合，为用户提供丰富的广播内容，应用内容包括有声书、相声小品、新闻、财经、文化、音乐、科技、脱口秀等30余个大类。

蜻蜓FM属于知识付费行业典型的大众化平台，知识内容和产品节目较丰富，类型覆盖广泛，重点发展高质量的内容，用户群体巨大。蜻蜓FM的核心用户画像特征明显，从性别来看，男性略多于女性，基本上是6∶4的分布，男性更加关注数码产品和汽车类产品服务；女性消费偏好更加多元，关注护肤美容、服饰箱包、旅游教育类服务。从年龄结构来看，中青年群体比较突出，18~30岁之前的群体占比接近40%。从居住地域来看，生活在中东部地区以及一线新一线城市的核心用户占比接近40%，广东、山东和北京三个省份核心用户分布最多。从基本状况和收入水平来看，半数以上用户已婚且家中有小孩，单身贵族的占比接近30%；个人月收入分布在3000~8000元的人数占比近60%，与核心用户的年龄结构基本一致，表明用户以都市中等收入人群为主，大部分具有不错的收入和学历，具备一定的消费能力和品牌意识。在核心用户的基础上，通过关联数据分析，蜻蜓 FM 拓展了细分人群的分类，包括泛亲子用户、母婴用户、学生群体、Z 世代用户、有车一族等，他们对内容产品的需求既是获取专业知识，也实现日常休闲娱乐，充满好奇心和求知欲，因此平台需要在不同的细分市场上，针对不同群体的个性化差异和收听行为偏好，开展定向营销和定制强化，不断满足用户多元化、差异化的需求，积累内容产品的竞争优势，使企业发展更具有"尖刀效应"。

　　蜻蜓 FM 主要采取的是 PUGC 专业主播生态和 PGC 结合的内容生产模式，这也是蜻蜓 FM 区别于其他音频平台、其他知识付费平台的主要特征，企业一直强调落实精品化的内容发展理念，对内容产品的筛选也从文化深度、专业化、实用性、高品质等多个维度进行考察。基于 PUGC 的内容生产模式，蜻蜓 FM 集中了大量优质的头部主播和腰部主播，在筛选、孵化、培育全流程为主播提供信息资源。平台先后吸引蒋勋、梁文道、李开复、张召忠、许知远、方文山、郎朗等名人名家、影视广播专业主持人，以及垂直行业意见领袖、优质网络"草根"主播开办节目。制片人制度下的主播培养，更加重视发挥主播团队自身的能动性和创造性，可以结合自身特点和企业的品牌调性，充分开发个性化的音频内容，既满足主播对于自身品牌的构建，也满足目标消费者的内容需求，借助主播的个人风格和节目特点，积累主播粉丝群体，对于用户的内容需求把握更加精准，进而全面打造更具激励性的主播提升方案和更有影响力的传播格局。通过与消费者的互动合作，蜻蜓 FM 逐步实现了以消费者为核心的营销转型，并且逐步完善了平台、主播、消费者三方之间专业品牌生态圈的搭建。

第三节 数据收集

案例研究的数据包括一手资料和二手资料。本书主要采用文献研究、深度访谈、现场观察、二手资料收集四种方法采集案例企业数据，多层次、多样化的数据来源能够确保数据完备，尤其是多样化的资料收集来源有利于数据的补充和交叉验证，可以提高案例研究的信度和效度。

一手资料的收集。通过对两家移动音频企业进行实地调研，密切观察案例平台主播的内容创作和音频播出流程，对其高级管理者和主播进行结构化与半结构化访谈，根据预先设计的提纲开展问卷和预访谈，然后根据受访者身份特征和工作内容的不同，设计半结构化访谈提纲。具体操作步骤如下。

第一步，从文献资料出发，围绕主播培育、内容生产、粉丝互动、盈利变现四方面，制定半结构化访谈提纲。在上述四方面中，研究团队会预设一些基础问题，将基础问题转换成可进行选择的客观题目，将多个题目编制成调查问卷，在访谈前发放给受访者，根据受访者问卷所填内容，对访谈提纲进行进一步处理。

第二步，研究团队针对音频平台与主播设计的访谈提纲，根据研究进程不同，分阶段性产生三个版本。访谈提纲 1.0 版本是研究团队根据文献资料，模拟平台与主播之间的音频产品生产变现过程，提出 25~30 个相关问题。该提纲的设计原则是保证访谈内容全面、细致且具体，在访谈过程中可以为研究团队还原较为真实的平台与主播合作过程，修正文献的延时性与二手资料的不确定性。在根据访谈提纲 1.0 版本与调查问卷进行初步访谈后，研究团队根据访谈效果对访谈提纲进行优化，形成访谈提纲 2.0 版本，降低访谈内容与调查问卷的重复率，减少音频平台行业常识性问题的提出,针对音频案例企业进行修改,分为平台工作人员访谈提纲与平台主播访谈提纲两种。两种提纲设置的问题既独立又兼容。独立是在于两种提纲是根据受访者身份不同进行不同提问,问题的角度需要与受访者身份具有高度一致性;兼容是源于两种提纲包含的问题可以形成映射关系,相互关联,这有利于研究团队对双方回答的真实性进行确认,并可以在数据分析过程中进行反复对比论证,提高数据的有效性。

第三步,在访谈提纲2.0版本基础上,研究团队在采访前根据案例企业提供的受访者基础资料,对访谈提纲进行定制化修改,使研究团队在有效时间内最高效率地完成对工作人员或主播的采访。修改方向的影响因素既包括工作人员的岗位职责、管理领域、工作内容,又包含主播的类型、合约类型与知名度等信息。同时,研究团队会经过共同商讨(至少2人商讨),针对不同主播的市场定位、个人发展路径、内容风格等具体情况,形成最终的半结构化访谈提纲,通过设计开放性问题,获得访谈内容。

第四步,在每一位受访者的访谈过程中,研究人员与音频平台至少有3人同时参与访谈过程,研究团队会设置1名主持人,掌控访谈的全部流程,并在访谈过程中不断追问,该过程被称为"主访谈环节"。其余课题研究者在主访谈环节进行现场观察、详细记录、访谈过程全程录音。对企业商业模式非常熟悉的高管、在企业工作3年以上的中层管理者、粉丝较多的主播等关键受访者,在主访谈结束后,研究团队会对他们进行补充提问和追加访谈。同时,音频平台其他人员还可对受访者访谈内容进行修正与补充。在每次访谈结束后,研究团队会对该次访谈进行初步讨论,交流访谈中获取的新的关键信息,反思访谈中出现的问题,在一次次复盘中,不断优化访谈流程,提高访谈内容质量。

访谈主要通过视频电话、邮件、微信等方式进行,集中于2021年完成,以"移动音频平台的价值共创"为主题展开。访谈以单独访谈方式进行，能有效避免多人访谈和集体访谈的干扰，确保访谈信息的准确性和有效性。数据收集既包括对企业管理者的访谈，也包括对以主播为代表的特殊消费者群体的访谈，两方面的访谈内容可以互相交叉验证。对受访者的选择基于以下原因：第一，本书要重点考查企业与主播协同演化的过程，从主播访谈中可以了解在不同发展阶段，他们作为特殊消费者的行为变化和资源交互的细节等；第二，企业的管理者是本研究的重点访谈对象，他们对音频市场的发展趋势、企业战略、营销管理、主播培育等非常熟悉，从他们的访谈中可以获得有关特殊消费者和普通消费者的信息，了解企业分类培养主播采取了哪些差异化的管理措施，以及企业的战略目标和用户画像数据。

访谈结束后，研究人员对访谈录音进行了文本化处理，保留受访者访谈的原始记录，保证访谈文本内容的真实有效性。截至目前，共整理喜马拉雅FM访谈录音1218分钟，形成了28.2万字的文字材料；共整理蜻蜓FM访谈录音896分钟，形成了20.8万字的文字资料，见表4-1、表4-2。

二手资料的收集也是本书采用的重要数据收集方法。二手资料主要来源于以下方面：第一，在现场观察方面，研究团队成员参加了蜻蜓FM的项目实习工作，实地观察了主播与消费者、消费者与消费者之间的互动过程，对企业战略和内容产品的生产、推广流程，获得了较为直观的认知；第二，较为全面的企业资料，包括音频平台官方网站、公司高层领导及高级管理者接受媒体采访的视频和文字材料、内部培训材料、新闻报道、评论性文章等，以及公司高层参加音视频领域高端论坛和会议上的PPT发言材料等；第三，中国知网、中文社科引文索引数据库中涉及案例分析对象的期刊论文、硕博士学位论文以及报纸等。

表 4-1　喜马拉雅 FM 数据收集的描述性统计

主体名称	数据来源	数据信息统计					
		录音时长（分钟）	录音字数（万字）	访谈人数（人）	高层人数（人）	受访者职位	
喜马拉雅FM	深度访谈	1218	28.2	23	4	运营中心总监（2人） 运营主管（2人）	
	现场观察	研究人员走访喜马拉雅 FM 公司 5 次，参加音频高端论坛 2 次，参加主播创作研讨会议 3 次，实地参观合作自媒体企业 3 次					
	二手资料	喜马拉雅 FM 官方移动 APP 资料，喜马拉雅 FM 相关新闻报道，高层管理者的视频和文字采访资料，第三方平台的统计分析报告，企业内部资料（宣传 PPT、企业介绍、宣传视频等）					
主播	一手资料	访谈主播人数 19 位，包括有声书主播、专栏节目主播等，他们是平台的关键意见领袖代表和平民中心代表，且以平民中心主播为主					
	二手资料	主播相关内容产品和品牌建设的资料，主播参加活动资料，相关新闻报道					

表 4-2　蜻蜓 FM 数据收集的描述性统计

主体名称	数据来源	数据信息统计					
		录音时长（分钟）	录音字数（万字）	访谈人数（人）	高层人数（人）	受访者职位	
蜻蜓FM	深度访谈	896	20.8	21	5	副总裁（1人） 运营总监（2人） 会员总监（2人）	
	现场观察	研究人员参与蜻蜓 FM 项目实习 2 个月，参加音频高端论坛 2 次					
	二手资料	蜻蜓 FM 官方移动 APP 资料，蜻蜓 FM 相关新闻报道，高层管理者的视频和文字采访资料，第三方平台的统计分析报告，企业内部资料（宣传 PPT、企业介绍、宣传视频等）					
主播	一手资料	访谈主播人数 16 位，包括有声书主播、专栏节目主播等，他们是平台的关键意见领袖代表和平民中心代表，且以关键意见领袖主播为主					
	二手资料	主播相关内容产品和品牌建设的资料，主播参加活动资料，相关新闻报道					

第四节　数据编码和分析

在对访谈录音进行文本化处理后，研究团队开始对访谈文本进行数据分析，运用质性资料的分析方法对文本进行处理，使用归纳逻辑对案例资料进行系统编码。根据陈向明的《质的研究方法与社会科学研究》一书中撰写的资料分析步骤与方法，研究团队对本次获得的访谈资料的数据分析分为三个阶段：数据登录、数据归类、理论建构。三个阶段相互依赖、迭代进行。在数据归类过程中，如果发现存在数据冗余情况，就要重新回到数据登录阶段进行完善。在理论建构过程中，如果发现数据不充分或逻辑不完整的情况，则回到数据登录和归类阶段，重新依据访谈资料，进行追加提问，补充关键数据，或者对存疑数据进行核实、确认和修正。

一、数据登录

研究人员对访谈文本进行反复阅读，沉浸于访谈资料中。数据分析人员在熟练掌握访谈文本内容的同时，寻找其中的意义与联系。在该过程当中，数据分析人员将访谈资料打散、赋予新的概念与意义，再进行重新组合，即为"登录"。原始数据资料信息庞杂，难以直接用于分析，数据登录的过程是对质性文本资料进行简化、聚焦、选择、提取的过程，将这些资料进行解构和压缩，作为初步编码的基础。

二、数据归类

为了提高研究质量，在完成登录过程正式编码前，提取出部分资料交由研究人员进行独立编码。研究人员共同确定初步编码方案，根据编码结果制定编码规则，在数据登录和归类阶段不断调整，使方案更加契合研究目标和企业的实际情况，以减少研究偏差。研究人员采用背对背的编码方式，对案例文本资料进行独立编码。依据文献综述和要解决移动音频企业价值共创方面的问题，本书的编码和归类方案包含价值主张、消费者转化、内容生产、内容运营、主播培育、价值创造、粉丝互动等类别。具体编码和归类过程是使文本形成一级编码，对一级编码进行归类，采用类属分析与情境分析相结合的方式，不断探索编码的联系，比较编码与类属的异同，最终形成二级编码。

三、理论建构

在二级编码的基础上，研究人员根据现有理论构建理论框架。比如，依据价值共创理论对归类所得关系与框架进行分析和解释，提出蜻蜓FM音频平台与主播价值共创的机制，探讨意见领袖与平民中心两种不同类型主播与蜻蜓FM音频平台协同演化过程。遵循案例研究的基本方法，根据服务主导逻辑理论和动态能力理论，在数据编码和分析阶段，持续进行"文本资料""属性归类""理论框架"之间的迭代，发现企业与消费者之间合作互动的过程，指出音频平台现阶段面临的问题和挑战，确保理论建构的科学性、合理性和创新性，为知识付费平台的本土化实践和高质量发展提供对策建议，促进音频平台协同创新能力提升。

第五章

喜马拉雅 FM 音频平台与主播价值共创机制研究

本书将扎根理论作为研究方法，对移动音频平台喜马拉雅 FM 与主播价值共创过程和机理进行探究。扎根理论是 Glaser 和 Strauss 于 1967 年提出的定性研究方法。扎根理论的基本操作流程是首先通过对采取访谈、参与式观察等方法得到的原始资料进行编码（通常包括开放式编码、主轴编码和选择式编码三个步骤），自下而上地将原始资料逐步归纳、提炼成为范畴化的概念；其次对范畴化概念间的逻辑关系进行分析；最后得到理论框架模型。

本书以扎根理论为研究方法的原因主要有以下三点：第一，目前学术界对平台与主播价值共创的研究并未形成完善的分析框架，传统理论建构模型方式不能满足本书研究目的的达成；第二，价值共创是一个复杂的系统性过程，涉及多个价值创造主体与相关概念，扎根理论的研究模式更适合用来对其进行整合，从而提出最终理论模型，并使之符合研究对象的本质面貌；第三，就本书而言，扎根理论能够拉近经验材料与理论模型之间的距离，避免了二者割裂，有助于平台与主播之间价值共创一般化分析框架的形成。

第一节　数据分析

本书按照扎根理论的研究步骤，对原始数据进行开放式编码、主轴编码和选择式编码，将原始数据归纳、提炼为概念与范畴，并识别、梳理范畴的性质及相互关系。

一、开放式编码

开放式编码要求将所有的资料按其本身呈现的状态进行编码。这是一个首先将资料打散、赋予概念，其次以新的方式重新组合起来的操作化过程。[1] 本书将原始资料进行贴标签处理，抽取出 33 个与研究主题相关的概念，并将这些概念进一步比较分析，最终得到 16 个范畴：战略定位、消费者转化服务交换、资源筛选、资源识别、内容生产服务交换、整合对象性资源、整合操作性资源、主播与平台互动、资源共享、价值主张、资源对接、价值创造服务交换、自我服务消费、提供价值、主播与粉丝互动、粉丝互动服务交换，如表 5-1 所示。

表 5-1　开放式编码过程

编号	例证援引	概念	范畴
1	他这边主打的是精品化的战略。	精品化战略	战略定位
2	后来我上网查找，看看有没有专门做（音频内容知识付费）的，我觉得这种收费方式跟我的理念是一样的，然后就联系上了。	平台提供	消费者转化服务交换
3	如果是机构主动找上我们要合作的话，基本上我们都是会拒绝的，但是我们后续会去评估它提供的内容质量。	身份审核	资源筛选
4	一般在我们发完音频之后，版权方也就是平台会去抽审，看看谁比较适合录这本书。	试音审核	

---

[1] 陈向明. 质的研究方法与社会科学研究 [M]. 北京：教育科学出版社，2000：322.

第五章 喜马拉雅FM音频平台与主播价值共创机制研究

续表

编号	例证援引	概念	范畴
5	制作人会通过自己的一些人脉资源，自己主动去寻找一些他们觉得合适的主播。	被动转化	资源识别
6	冬天的时候，主持人进入淡季，然后我才开始去尝试这个行业。	主动转化	
7	平台对整个市场把握比较准，会给我一些建议，还会告诉我该规避的内容，他们比较专业。	专业化建议	内容生产服务交换
8	我得先审音，交给平台平台还得审。	内容审核	
9	我自己往上传的时候，在我自己有权去确定发布时间的情况下，我是这么做的。	上传平台	
10	我们现在建立一个内部的小团队，我们各有分工，分工也比较明确。	组建团队	整合对象性资源
11	广播剧的话，这种要更复杂一些，大部分需要去录音棚录制。	专业化制作	整合操作性资源
12	一录完，每个角色音出来之后，都是需要经过审听的。	内容把控	
13	每个人都有自己的风格，这是别人模仿不了的，是天生形成的。	风格化	
14	后台的编辑就和我取得了联系，说我这个节目还不错。	编辑对接	主播与平台互动
15	基本上我们都是以数据为导向的。	大数据分析	资源共享
16	平台每年在我身上的推广，大概是200次的主页推广。	宣传推广	
17	从公众号这个角度来看，一般来说会出现3个访问高峰。	消费者分析	
18	我们开了公众号，把我们一些对商业的观察和我们关于主讲的内容，也做了一部分文字化的整理工作，发到公众号上。	新媒体宣传	
19	编辑给我推荐书的时候，我没发现他给我推荐差的书。	版权共享	
20	我们开了公众号，把我们一些对商业的观察和关于主讲的内容，也做了一部分文字化的整理工作，发到公众号上。	主播生态	价值主张
21	这个时候其实我们会结合一些宣推资源。	宣推活动	资源对接
22	我手下签约主播已经达到了117位。	个人品牌	
23	无论是会员打赏，还是单集付费，我们都是有收益的，但最大的收益是会员的分成。	商业变现模式	价值创造服务交换
24	粉丝花钱了，买我的节目，我就要做出有质量的东西。	收听与购买	自我服务消费
25	其实用户整体的场景需求不同，他的整体服务对象就不同，包括用户的心理诉求也不同。	服务用户	提供价值

续表

编号	例证援引	概念	范畴
26	粉丝表达的所思所想,这些选题都会以大数据的方式进入选题库。	选题创意	主播与粉丝互动
27	我发现他们对案件是最感兴趣的,就开始做这个了。	需求反馈	
28	微博,之前有过微信群,还让他们加过我的微信个人号,最多的时候加了2万多人。	社交媒体互动	
29	我们平台上有很多做点播内容的主播,会定期地使用我们的直播工具和用户互动。	平台内互动	
30	个别粉丝来找我们,谈谈他对节目的一些感想看法。	线下互动	
31	会把发表恶意评论的账号拉黑,把评论删掉。	危机处理	粉丝互动服务交换
32	造星运动是为了更好地提升品牌的知名度和用户的认可度。	活动运营	
33	如果最终用户在消费内容的时候享受到更好的服务体验,那么它的口碑就好,认可度也好,就会越来越强。	服务体验	

二、主轴编码

主轴编码是在开放式编码将原始数据分解、归纳至不同编码范畴的基础上对概念范畴间的逻辑关系进行分析,从而挖掘范畴内涵的过程。本书共归纳出7个主范畴:价值主张、消费者转化、内容生产、内容运营、主播培育、价值创造、粉丝互动,如表5-2所示。

表5-2 主轴编码过程

编号	主范畴	对应范畴	范畴内含
1	价值主张	战略定位	喜马拉雅FM通过相较于其他平台的差异化战略为用户提供价值
2	消费者转化	服务交换	喜马拉雅FM为主播提供音频内容知识付费平台
		资源筛选	喜马拉雅FM对主播进行审核
		资源识别	主播通过主动寻找或被邀请挖掘的方式由其他身份转变为主播
3	内容生产	服务交换	喜马拉雅FM为主播提供资源和指导性意见并对主播生产的内容进行审核,主播将内容上传至平台
		整合对象性资源	主播组建团队
		整合操作性资源	主播根据自身特点制作专业性内容
		主播与平台互动	喜马拉雅FM发现优质主播并向主播给予反馈

<<< 第五章 喜马拉雅FM音频平台与主播价值共创机制研究

续表

编号	主范畴	对应范畴	范畴内涵
4	内容运营	资源共享	喜马拉雅FM与主播共享资源
5	主播培育	价值主张	喜马拉雅FM为主播构建主播生态
		资源对接	喜马拉雅FM为主播提供宣推资源，打造主播个人品牌
6	价值创造	服务交换	喜马拉雅FM通过主播实现商业变现
		自我服务消费	用户通过收听与购买的行为为平台和主播带来收益
		价值提供	平台与主播为用户提供服务
7	粉丝互动	主播与粉丝互动	用户向主播提供创意，给予反馈；主播与粉丝进行线上、线下多平台交流
		服务交换	喜马拉雅FM为主播及其运营活动提供保障，为用户提供服务体验

三、选择式编码

选择式编码是在主轴编码的基础上进一步梳理主范畴之间的相互关系，得到一个"核心类属"，并以"故事线"的形式还原研究对象脉络，从而构建出理论模型。与其他类属相比，核心类属应该具有统领性，能够将大部分研究结果囊括在一个宽泛的理论范围内。本书通过对主轴编码得出的七个主范畴进行反复比较和分析，发现喜马拉雅FM平台与主播的价值共创过程是以价值创造为核心目标的，其他六个主范畴均为价值创造服务，其"故事线"表现为"前期要素—价值保障—价值创造—价值维系"模式。其中，价值主张、消费者转化两个维度构成了平台与主播价值共创的前提要素，内容生产、内容运营、主播培育构成了平台与主播价值共创的保障体系，粉丝互动则发挥着使这一价值共创过程得以维系的作用。基于此，本书得出如图5-1所示的移动音频平台与主播价值共创过程和机理的理论模型。

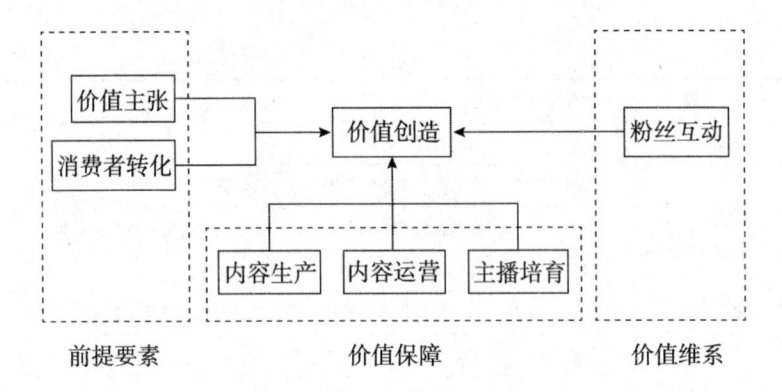

图 5-1　基于扎根理论的移动音频平台与主播价值共创过程和机理的理论模型

四、理论饱和度检验

饱和度检验的目的在于确保提出的概念范畴达到饱和状态，不会再有新的概念范畴产生，以验证理论模型的可信度与完整性。本书在编码之前留取了20%的原始资料用于检验饱和度，在检验过程中未发现新的范畴概念出现，在范畴之间也未发现新的逻辑关系，说明本书提出的理论模型相对完善，符合研究目的和要求。

第二节　理论模型阐释

通过前文分析，本书提出了如图 5-1 所示的移动音频平台与主播价值共创过程和机理的理论模型。此模型将移动音频平台与主播价值共创过程和机理解读为前提要素、价值保障、价值维系三个环节共同支撑最终价值创造的实现。值得一提的是，由主轴编码可知，服务交换、资源互动贯穿价值共创的各个环节，这说明平台与主播之间价值共创的本质是一个多主体、多要素的协同过程。以下结合访谈记录对这一模型做具体阐释。

<<< 第五章 喜马拉雅 FM 音频平台与主播价值共创机制研究

一、前提要素对价值共创的影响

第一，价值主张为价值共创的实现提供了理念基础。价值主张作为描述企业为客户提供何种价值的利益陈述，影响着客户对产品的选择以及企业对资源获取配置的方向，进而影响企业的市场竞争力。[1] 平台的战略定位以及差异化特色是吸引主播群体进入平台的原动力。主播的价值观与平台的发展理念相契合是进一步开展合作和创造价值的基础，"如果说商业、用户的基础与我们的价值观都吻合，那么我们可能会愿意跟这个平台进行深度的合作"，谋求双赢也是主播进入平台的目标，"如果我决定去跟一个平台深度合作的话，那么我肯定会愿意为这个平台去定制一些更适合这个平台的，并且能实现双赢的目标"。

第二，消费者转化为价值共创的实现提供了人力资源。平台和主播在这一过程中完成服务交换，平台为主播提供创造价值的空间。主播这一身份意味着从消费者向生产者转变的结果。对主播来讲，这一转变过程分为主动转化和被动转化两方面。一方面，出于兴趣爱好、个人能力等原因主动寻求机会进入平台成为主播，"因为之前一直很喜欢听小说，所以说才想试一试进入这个行业的"；另一方面，被平台挖掘成为一名主播的，"我的整体风格是比较深入浅出，通俗易懂的……于是就吸引了这些平台的负责人主动跟我联系"。平台则对主播的身份和能力进行审核和把关，"我们肯定会先去看……他们的资质，他们要做的、可以做的东西是否符合我们平台的基调和方向"，"试音时长一般是在 3 到 5 分钟，一般在我们发完视频之后，版权方也就是平台会去抽审"。

---

[1] 崔丽, 雷婧, 张璐, 等. 基于价值主张与动态能力互动的企业资源配置案例研究 [J]. 科研管理, 2021, 42（4）：180-190.

二、价值保障对价值共创的影响

内容生产、内容运营和主播培育是移动音频平台与主播共同创造的价值的直接提供环节，决定了最终创造出的价值数量、质量、范围和呈现方式，平台与主播在这一阶段的互动构成了价值共创过程的核心部分。

第一，在内容生产层面，平台为主播提供专业化内容生产的建议并进行内容审核，主播则创作专业化内容并上传至平台，二者在这一过程中完成服务交换。"平台对整个市场把握比较准，会给我一些建议，还会告诉我该规避的内容，他们比较专业。"主播也会对自己生产的内容进行把关，尽量避免审核不过的情况出现，倒逼自己有意识地提升作品质量，"我需要做的是尽可能将我做的工作传上去以后，让他们不给我返音，返音我麻烦，他也麻烦，我还不如提前做好"。为提升作品质量与专业化程度，主播会进行资源整合，组建专业化团队，"我们现在建立一个内部的小团队，我们各有分工，分工也比较明确"。此外，平台也会在新人主播中挖掘优质内容产品并予以关注、推广，"他可能有一种发现和选择机制，只要你是新人，有新节目，他们一般都会给那么一两次机会，可以往前推广一下"。

第二，在内容运营层面，平台与主播之间的价值共创主要体现在资源的传递与共享上。平台运用大数据技术测量用户收听数据，根据用户浏览痕迹路径推测用户内容偏好，判断主播的内容质量，进而采取分众化的推荐策略，将后台生成的用户可能喜欢的内容推荐给相应的用户。"运营基于它自己的判断，在这些内容和用户的属性范围上进一步推荐。"平台的宣传推广是主播提升知名度的重要途径，"平台每年在我身上的推广，大概是200次的主页推广，基本上隔一两天就来个推广，对我个人是特别有好处的"。主播会研判用户收听习惯，把握时间节点进行精准内容上传，提升内容传播效果，改变线性的营销方式，让用户的收听体验更加多元化。同时，主播也会使用其他媒体平台对内容进行宣传推广，构成了移动音频平台知识付费盈利的基础。

第三，在主播培育层面，平台为主播构建主播生态，"通过更多的资源也好，其他项目上的支持也好，对他们（主播）进行一个扶持"，主播也凭借自身的人气与吸引力将其他平台用户引至其所在的平台，从而实现平台与主播的互利，"这也是一种双向的作用"。平台与主播之间会进行资源对接，平台为主播提供活动资源，增加曝光率，"如果是我们觉得非常优质的主播，在资源上我们会投入更多，我们会结合一些宣推的资源，还有我们平台上的一些曝光资源共同推动"，主播也会自行组建团队，以获得更优质的剧本等资源，"后来成立了自己的公司，招募主播开展有声书录制"。同时，喜马拉雅FM推出"百大主播计划"，提出培养100位百万粉丝主播、寻找100位独特声音的目标；推出"有声书主播攀登计划"，聚焦于有声书这一比重最大、增长最快的内容品类，从行业洞察、有声演播、后期制作、运营推广等多维度、体系化建立主播职业化方案，帮助感兴趣的普通消费者快速入行，获得专业制作培训和新手期的流量支持，收获最大的内容价值回报，进而逐步发展成为喜马拉雅FM的签约主播。

三、价值维系对价值共创的影响

主播与粉丝的互动是价值共创过程得以维系并持续发展的环节。首先，用户能够为主播提供选题创意，"他们愿意把自己的心里话跟我讲，他们愿意告诉我他们此刻的心态是怎么样，他们在担心什么，那么这些选题都会以大数据的方式进入我们的选题库"，并将需求偏好通过平台反馈给主播。主播则根据用户反馈对内容进行调整，"就这件事看的人是最多的，大家都愿意听这件事，就改这件事了"。其次，主播与粉丝通过多种渠道进行交流，交流场所包括平台内部、其他新媒体平台和线下面对面交流。最后，平台在主播与粉丝的互动过程中与主播实现服务交换，主要表现为帮助主播应对危机、策划运营主播与粉丝互动的活动、为用户提供优质服务体验。

四、价值创造：价值共创的核心目标

如前所述，在移动音频平台与主播价值共创过程和机理的理论模型中，前提要素、价值保障、价值维系三个环节共同支撑最终价值创造的实现。平台经营活动的最终目的在于商业价值变现，在本书调研得到的原始访谈数据中，平台与主播通过前述系列环节最终实现价值创造的方式分为四种，即从用户的单集付费或打赏金额中分成、从制作内容产品获得劳务费、从商业广告中分成、从周边产品的生态收益中分成。

第三节　本章小结

本书基于扎根理论，通过对原始资料进行编码，得出移动音频平台与主播的价值共创过程由七个主范畴构成，并探索性地构建了移动音频平台与主播价值共创过程和机理的理论模型（前提要素—价值保障—价值维系）的结论。这一模型在一定程度上符合 Vargo 和 Lusch 基于服务生态系统对价值共创理论的解读：价值共创发展为整合资源，使服务交换的各方均可获利的价值共同创造过程，在交互的服务生态系统中通过整体性、多样化的体验实现价值共创，并通过制度建设加以管理和评估。[1]

---

[1] VARGO S L, LUSCH R F. Institutions and Axioms: An Extension and Update of Service-dominant Logic [J]. Journal of the Academy of Marketing Science, 2016, 44 (1): 5-23.

第五章 喜马拉雅FM音频平台与主播价值共创机制研究

从宏观层面来看，移动音频平台与主播间的价值共创是以价值创造为核心目标的，其实现过程主要包括前提要素、价值保障和价值维系三个阶段，平台、主播与用户的服务交换、资源整合和互动贯穿这一过程。

从中观层面来看，价值主张、消费者转化、内容生产、内容运营、主播培育、粉丝互动构成了实现最终价值创造的支撑要素。其中，价值主张和消费者转化构成了价值创造的基础；内容生产、内容运营和主播培育是价值的直接提供过程，构成了价值共创过程的核心部分；粉丝互动是价值共创过程得以维系并持续发展的环节。在这一过程中，平台、主播、用户三个维度交替演进，构成移动音频平台的服务生态系统。

从微观层面来看，本书提出的理论模型是由多个概念和构成要素相互交织、彼此影响的结果，喜马拉雅FM的价值共创是一个多主体参与的复杂性系统化协同演化过程。

第六章

蜻蜓 FM 音频平台与主播价值共创机制研究

蜻蜓 FM 音频平台与主播价值共创机制中包含三个主体、一个主张、两个互动。三个主体，是指具有企业属性的音频平台、具有消费者属性的主播与平台用户；一个主张，是指价值主张；两个互动，是指服务交换与资源交互。具体共创过程为蜻蜓 FM 平台作为企业主体向具有消费者属性的主播提出价值主张，在该价值主张的作用下，企业音频平台与消费者进行服务交换与资源交互。该过程主要包含消费者转化、内容生产、内容运营、主播培育、价值创造、粉丝互动六个关键环节，最终创造包含经济价值、情感价值、心理价值、信息价值、文化价值、功能价值在内的六种共创价值。其中，消费者转化是价值共创过程的开始，过程中期三个关键环节——内容生产、内容运营、主播培育同步进行，并不断关联价值创造与粉丝互动，主播与平台需要在粉丝用户的互动中共同创造出价值，见图 6-1。在接下来的论述中，本书将从价值主张出发，阐述在六个关键环节中企业与消费者之间服务交换与资源交互的价值共创过程。

<<< 第六章　蜻蜓FM音频平台与主播价值共创机制研究

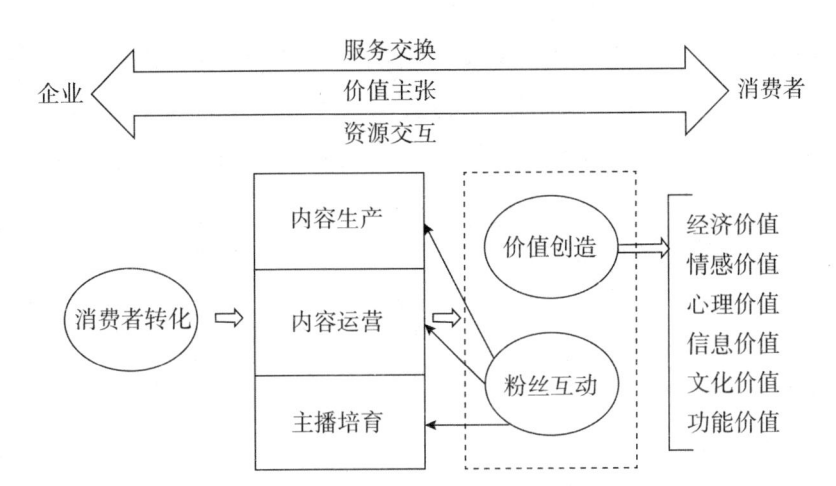

图 6-1　音频平台与主播的价值共创机制的理论框架

第一节　价值主张

在音频平台与主播价值共创过程中，价值主张是一切活动的基础与前提。蜻蜓FM音频平台通过提出价值主张，向消费者传达企业发展理念与态度，促使双方在价值共创初期的发展方向上达成一致。音频平台的价值主张来自其企业文化，在音频平台工作人员的访谈中，研究团队发现蜻蜓FM音频平台的企业文化以"结果导向""团结合作"为主，以"客户至上"为辅。基于企业文化，平台侧重于培养公司内部工作人员和团队员工的自制力与创造精神。在业务推动上，员工越接近于一线，了解的信息越全面，做出的判断和提出的解决方案越有效。同时，企业鼓励员工进行横向协作，包括跨部门协作，在协作中以合作伙伴和用户为先，既包括将知名学者专家纳入平台生态合作系统，也会从普通消费者群体中孵化培育特殊消费者"主播"，见图6-2。蜻蜓FM音频平台从企业战略部署出发，提出"精品化战略"的价值主张，从内容制作的产业源头布局，形成"自下而上"的生产运营模式，在内容生产运营过程中强调以内容品质化为其核心,并在该平台实际的模式中运作,精品化战略的部署依旧是秉持着"自下而上"的原则,当平台发现主播具有较强的内容制作能力时,会辅助主播使内容精品化和专业化。

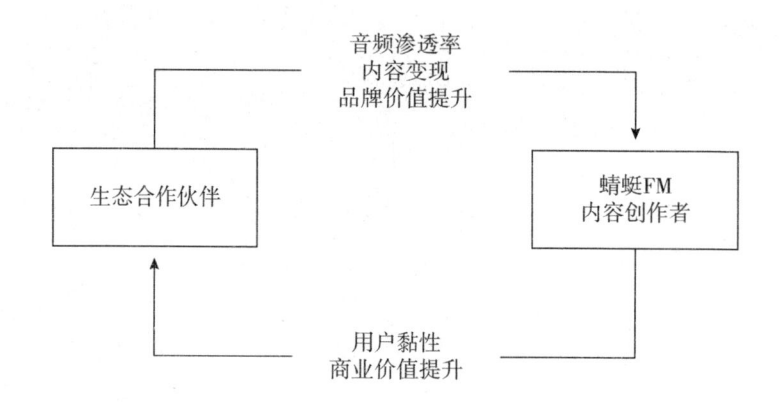

图 6-2　蜻蜓 FM 优质主播培育发展模式

在蜻蜓 FM 音频平台与主播价值共创过程中,平台价值主张的提出需要得到主播的认可,双方只有达成共识,才能促成价值共创。第一,音频平台"自下而上"的运作模式与"精品化战略"的价值主张高度融合,主播往往是因为认同平台的价值主张,所以在众多音频平台中选择与蜻蜓 FM 音频平台进行合作。第二,在主播的认知中,音频平台"精品化战略"已有一定的成果,平台上的音频内容作品要比市场中其他作品优质,且平台的内容极为鲜明、清晰。第三,平台会在主播生产制作内容的过程中提供帮助,包括但不限于策划包装、数据分析等支持,从而在主播的层面落实"精品化战略",为实现平台与主播的价值共创打好基础,见表 6-1。

表6-1 音频平台价值主张方面的主要特征及证据举例

核心类属	维度	编码	例证援引
价值主张	企业	精品化战略	Q1. 2018年下半年的时候，蜻蜓FM开始做多人有声剧，付费阶段变得慢慢地成熟了。他这边主打的是精品化的战略，这使他们对声音的挑剔上升了一个更高的层次。
			Q2. 蜻蜓FM，我感觉它整体的作品质量要比其他的品牌好些，包括现在号称比较大的平台的作品。蜻蜓FM的作品更鲜明一些，平台的整体定位更鲜明一些，整体质量要更好。这是我的感觉。
			Q3. 如果说商业、用户的基础与我们的价值观都吻合，那么我们可能会愿意跟这个平台进行深度的合作。蜻蜓FM和其他平台不一样，蜻蜓FM是一开始以PGC为主导的一个平台，他会比较在乎主播，并不是纯UGC。但是蜻蜓FM一直比较强调精品化，如果我决定去和一个平台深度合作的话，那么我肯定会愿意为这个平台去定制一些更适合这个平台的，并且能实现双赢的目标。
			Q10. 我觉得更多是在付费内容上，我们之前开展了一个大师课，第一季效果还不错，那是我们共同做的。蜻蜓FM也会帮我们包装。怎么起标题，包括数据分析，参与度会比较多。但我们目前的免费节目更多的还是自己制作上传的。

第二节 消费者转化

在价值共创过程中，蜻蜓FM音频平台的消费者分为普通消费者和特殊消费者两类。两类群体均是蜻蜓FM音频软件上的用户。普通消费者，是指蜻蜓FM音频软件上的一般用户。在APP的日常使用中，普通消费者会以收听、评论、点赞、购买音频内容为主，该群体构成了音频平台的主要消费市场。特殊消费者，是指音频平台上的活跃主播，和普通消费者相同的是，特殊消费者仍需要通过注册成为APP用户，才能使用该软件；与普通消费者不同的是，特殊消费者在APP上以制作上传音频内容、维系粉丝互动、获取经济效益为主要活动，深度参与音频平台的生产运营环节，并与企业一起生产创造价值。

在成为主播之前，普通消费者可以在软件使用期间通过角色分化转变为特殊消费者，而"零基础"的消费者则致力于提升音频制作的基础技能，包括声音与声线的调整、吐字的清晰程度以及录制时注意语音语调等，本书将该过程称为"消费者转化"。在消费者转化初期，企业会向消费者提供平台支持，该平台兼具内容平台与功能服务平台的双重属性，使消费者可在该APP进行注册使用。在平台建立之后、消费者使用之前，音频平台会对消费者的资质进行审核，尤其是在消费者主动寻找音频平台入驻时，平台会格外慎重。如果具有机构性质的消费者主动寻找音频平台进行合作，平台基本上会先选择拒绝合作，后续对机构提供的内容质量进行评估，确定该机构的资质、内容是否符合本平台的基调与方向。对消费者来说，为了符合音频平台的资质审核要求，会选择进行自主提升，有相关内容制作经验的人会侧重提升自己在音频内容输出领域的专业化程度。企业的审核机制与消费者的自我提升目的都是在于保障音频内容输出的品质，提高价值共创的效率。

平台和主播在价值共创的过程中，包含两种服务关系：第一，平台与主播之间进行着服务交互，主播与平台进行资源合作，通过对接和共享资源的方式，发挥各自优势，解决各自所需，实现共赢；第二，平台与主播共同为普通消费者服务，平台通过主播与普通消费者进行个性化互动，充分运用主播的专业知识和个人风格，为普通消费者提供更精准的内容服务，平台成为支持主播与普通消费者互动交流的载体，见表6-2。

表 6-2　音频平台消费者转化方面的主要特征及证据举例

关键环节	维度	核心类属	编码	例证援引
消费者转化	企业	服务交换	平台提供	Q5. 最开始，我是做视频、讲故事，那时候没有平台和听众收费，都是免费的。后来，我上网查找，看看有没有专门运营（音频内容知识付费）的，发现蜻蜓FM就是，我觉得这种收费方式跟我的理念是一样的，然后就联系上了。 Q8. 平台工作人员给我打电话了，说账号弄好了，可以录节目。
		筛选资源	身份审核	Q7. 如果是机构主动找上我们蜻蜓FM要合作的话，基本上我们都是会拒绝的，但是我们后续会去评估它提供的内容质量。我们肯定会去看这个机构里面的主播，他们的资质，他们要做的、可以做的东西是否符合我们平台的基调和方向。
			试音审核	Q1. 试音时长一般是在3到5分钟，一般在我们发完音频之后，版权方也就是平台会去抽审，看看谁比较适合录这本书。如果适合的话，就会私戳你，然后进行签约录制。
	消费者	资源识别	被动转化	Q7. 内容运营首先确认要做的内容方向，制作人会通过人脉资源，主动寻找合适的主播，也可能通过互联网这样一种关系去挖掘、寻找。 Q10. 我一直在电台节目做评论员，当时有一种很旺盛的需求，就是很多人临时没有听到节目，如他错过了，他就有回听的需求。那时候正好蜻蜓FM平台就兴起了，有很多这样的平台主动和我联系。他们联系我的原因是我的这档评论节目有独特的风格，大家非常喜欢，可以借此合作。当时还没有智能手机，加上财经是很枯燥很专业的，而我的整体风格是比较深入浅出，通俗易懂的，于是就吸引了这些平台的负责人主动和我联系。
			主动转化	Q1. 我当时是建材销售，所以到冬天的时候这个市场基本进入淡季了，还有因为之前一直很喜欢听小说，所以说才想试一试进入这个行业的。 Q3. 我当时有个人的情感节目，刚好我也比较喜欢用声音与粉丝交流，所以放到平台上传播。 Q8. 很多东西都不是规划出来的，其实我们在将近一年的时间内，只是把它当作个人的兴趣爱好，倾尽全力去做喜欢的事。

根据音频平台与消费者在消费者转化过程中的主动性高低,可以将消费者转化过程分为主动转化与被动转化两种。主动转化是消费者主动入驻音频平台,被动转化是音频平台主动寻找适合的主播、大V、明星等入驻。在主动转化过程中,凡是自己认为拥有制作、提供音频内容潜质的消费者,均可以通过平台申请账号,通过平台审核后成为主播,完成从消费者到特殊消费者的自主转化。根据访谈内容,发现消费者主动转化的驱动因素有以下三个。

第一,事业驱动。在其他领域有所成就的关键意见领袖会将音频平台作为自己事业版图中有待开发和拓展的重要领域,也有自媒体博主或UP主会将其作为自己产业链中宣传营销的必要渠道,两类消费者均是在事业发展的影响下,完成主播身份的自主转化。

第二,职业驱动。音频平台上不少主播从事过电台主持、节目演播、情感咨询、娱乐直播等相近职业而选择入驻平台,在这种情况下,消费者转化壁垒低,主播有丰富经验,能够迅速适应音频平台的工作性质,且平台与主播沟通得更加快捷直接,是一种较为常见的主动转化过程。

第三,兴趣驱动。这种情况下的消费者主动转化过程最能体现音频平台"自下而上"的价值主张,消费者在无经验、非专业的情况下,由于对音频内容制作产生兴趣,而致力于音频内容制作,从而转化为主播。

被动转化是音频平台明确内容制作方向,平台的制作人根据内容方向有目的地寻找合适的主播,充分利用自己的人脉关系与互联网资源,主动接触和挖掘有潜质的消费者,帮助他们转化为主播,为平台持续提供内容。在被动转化过程中,平台大多选择其他领域的关键意见领袖主动对接。比如,节目评论员、情感咨询师、书法大家、评书艺术家等,他们在入驻平台前,已有多年积累,在业界具有了一定的知名度和个人品牌影响力,并且培育了相对固定的粉丝群体。从制作人的角度来看,此类关键意见领袖转化成本较低,时间较短。如果内容节目能够和平台的定位相契合,粉丝群体的特征与平台用户画像有相近之处,那么该类型的关键意见领袖转化为平台主播的成功率较高,有助于在短时间内实现主播与平台一起创造更高的经济效益和社会效益。

总的来说,在蜻蜓FM音频平台与主播价值共创机制中,消费者转化环节是消费者入驻平台、参与音频平台内容生产环节的过程,在此过程中,企业提供可以入驻的平台、可注册使用的APP软件、提出资质审核机制等,帮助消费者进行自主提升,在双方的共同协作下,完成他们到主播的角色转化。

第三节 内容生产

要想持续生产出高质量的产品内容,平台和内容生产者不但要借鉴数字化信息,而且要在内容的原创设计上,投入相当多的时间成本和经济成本。在内容持续迭代更新的背景下,如何平衡碎片化的知识产品、公式化的内容生产、消费者对知识内容的高标准需求、产品的市场效果,都是专业化内容生产模式面临的挑战。蜻蜓FM音频平台的"精品化战略"价值主张内容生产环节更关键。在该价值主张的影响下,蜻蜓FM音频平台的主播以专业化制作为主,实际内容生产过程以"PGC+PUGC"模式为主。在此过程中,企业、主播、消费者三方共同加强内容生产,促进企业动态能力的协同演化,见图6-3、表6-3。

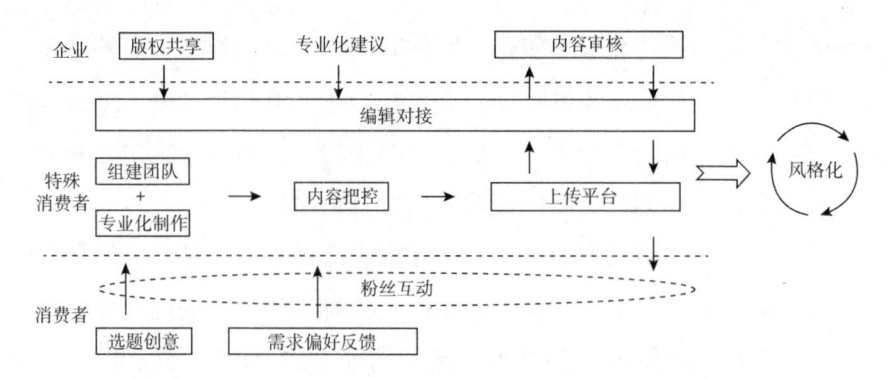

```
企业      版权共享      专业化建议         内容审核
        ┌────────────────────────────────────┐
        │            编辑对接                 │
        └────────────────────────────────────┘
特殊     ┌组建团队┐                    ┌────────┐      ╭──╮
消费者   │   +    │ → 内容把控 →       │ 上传平台│ ⇒   │风格化│
        │专业化制作│                   └────────┘      ╰──╯
         └───────┘
                                          ↓
消费者    选题创意      需求偏好反馈      粉丝互动
```

图 6-3　企业、主播、消费者加强内容生产促进协同演化的过程

表 6-3　音频平台内容生产方面的主要特征及证据举例

关键环节	维度	核心类属	编码	例证援引
内容生产	企业	服务交换	专业化建议	Q9. 平台对整个市场把握比较准，会给我一些建议，还会告诉我该规避的内容，他们比较专业，我做好内容，他们给我把好关，然后"1+1>2"。平台提供的各种帮助、资源或者指导意见是比较精准的，因为我们原先没做过这个东西，也是摸着石头过河，但有时的反馈可能恰恰是相反的，所以我们需要很多专业性的意见，然后慢慢地改。
			内容审核	Q2. 我得先审音，交给平台平台还得审。
		资源共享	版权共享	Q2. 比如，蜻蜓FM的编辑给我推荐书，时间长了有一种默契，我很少去否决编辑推荐的书，这也是个互相尊重的问题。
	特殊消费者	整合对象性资源	组建团队	Q1. 一般个人的单播或者双播不需要团队。现在我们团队主做的是多人剧，包括编剧、导演、统筹后期之类的人员。Q8. 我们公司更多是从技术保障、高端剪辑、品牌运营方面，减轻外围工作的负担。我们建立内容创作的团队，各自分工也比较明确。
		整合操作性资源	专业化制作	Q1. 多人有声剧大部分都是以旁白去解释，旁白占50%，人声占50%，基本上都是人声推进进程，大部分需要去录音棚录制，以确保音质水平达到要求。

续表

关键环节	维度	核心类属	编码	例证援引
内容生产	特殊消费者	整合操作性资源	专业化制作	Q5. 最开始，我发现网上的资料并不可靠，不能够支持案件类音频内容创作。后来我意识到国家图书馆的信息是最全的，我把当年的报纸翻出来再挑选资料，这绝大多数是靠自己的感觉，也会听粉丝建议，然后将其整理归纳到一个音频内容版本中，自己录制音频，大致是这样的创作过程。
			内容把控	Q2. 比如，角色的设定，谁更适合担任主诉或者旁白人员，水平能不能达到，都是要考虑的因素。音频内容是被创作出来的，需要经过很多程序，如有声书的角色录完，要经过严格审听两次后才能进入后期。 Q3. 我现在是情感领域主播，需要非常专业的知识，比如，出轨和异地恋不同角度的解说。当看到粉丝提问的问题时，我首先判断是哪个领域，问题是否典型，是否值得将其制作成内容，然后才会进入选题阶段。
			风格化	Q1. 刚开始练习的时候，我每天都要听不同主播的有声书，学习他们的优点和精华，然后慢慢地形成自己的风格，我感觉每个人都有自己的风格，这是别人模仿不了的，是天生形成的。
		服务交换	上传平台	Q2. 用户节目的收听时段，往往是下午一两点，还有五六点，形成了几个波峰，我个人感觉高峰时段是和上下班、在车上的时间重合的。晚上入睡前也会形成一个波峰，我一般会考虑在这个时间段将内容上传到平台。
		互动	编辑对接	Q8. 我们做了七八期后，后台编辑和我们联系，说我们这个节目还不错。后来，我了解到，蜻蜓FM有一种发现和选择机制，只要你是新人，有新节目，一般来说都会给推荐节目的机会。

一、企业层面促进内容生产的策略

（一）版权共享

企业主要通过配用资源方式，支持主播实现价值创造。企业拥有内

117

外部资源的所有权和控制权，能够通过资源的有效配置实现资源更新和优化。比如，蜻蜓 FM 在创业之初就与中央人民广播电台等成立合资公司，签约大量文字版权，自建有声书声优团队，制作精品有声读物。2014 年年底，蜻蜓 FM 并购央广之声，正式布局有声书市场，成为几大运营商的有声阅读基地战略合作伙伴，蜻蜓 FM 还与中文在线、掌阅科技、纵横文学、网易云阅读等国内头部版权方陆续达成战略合作。在多数主播进行内容自主创作的过程中，音频平台会适时为主播提供一些内容版权，尤其是在有声书领域，平台与主播会进行书籍的版权共享，从而进行有声书的音频录制，见图 6-4。目前，蜻蜓 FM 有声书总量已经达到 2 万本以上。对于优质的主播，蜻蜓 FM 音频平台还会采取高薪签约等方式对特殊消费者进行变相的价格补贴，向签约主播提供资金支持、流量扶持、工作室建立支持等，吸引主播持续生产内容产品。在资源配用上，企业内和企业间通过资源整合实现资源效益的最大化。

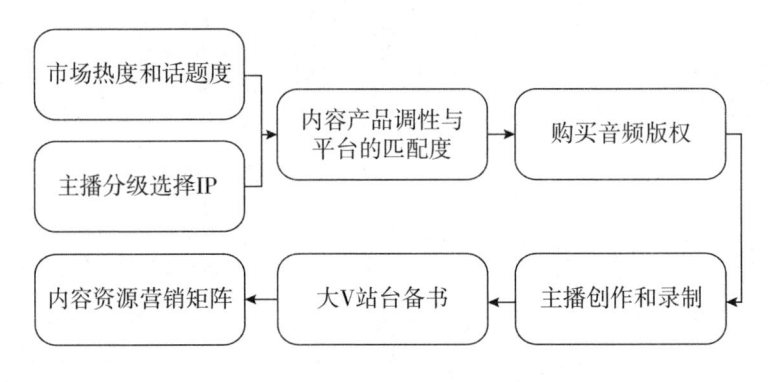

图 6-4 蜻蜓优质 IP 开发流程

（二）专业化建议

音频内容的生产并非完全由主播独立完成，具有企业属性的蜻蜓 FM 音频平台与具有消费者属性的粉丝群体均参与到主播的内容生产中，尤其是音频平台与主播之间是平等密切的合作关系，平台参与度更高，更有利于音频平台与主播在内容创作初期找准定位，全程把控作品质量。在主播"组建团队→专业化制作→内容把控→上传平台"过程中，每位主播都有专门的知识产品服务团队，平台会设立编辑或制作人，与主播进行"一对一"的沟通交流，双方任何的服务交换与资源交互活动均是这样对接完成的。编辑或制作人参与内容制作和分发，为其提供全流程的专业知识生产服务，包括内容产品选题设计、热门话题、竞品分析、消费者定位、传播策略、内容把关等。通过工作对接，音频平台有时会提出音频节目的创作想法或制作需求，联系多位主播，共同完成一档节目。比如，在新冠疫情防控期间，蜻蜓FM音频平台会让编辑联系部分主播，完成《新冠肺炎防疫手册》的内容录制，用音频内容为抗疫赋能赋智，显示出音频平台传播的强大力量。除版权和内容制作之外，音频平台还会针对主播现阶段发展情况提出专业化建议，协助主播在内容创作方面向精品化方向演进。在内容生产过程中，主播会将团队的专业化分工与内容的专业化制作有机结合起来，确保持续创作出高质量的音频产品。

（三）内容审核

在内容方面提出音频审核机制，主播将音频内容上传至平台后，对其进行专业化审核，"Q7. 我们是有一个团队的，在内容上线的时候，都会通过审核团队进行一轮审核，会去听音频，包括机器审核以及对文字和图案进行初审。我们在上线精品化的内容之前，制作人都会完整听一遍，审核音频，有比较完整的一套审核机制"。音频内容制作完成后，为保证内容的合法合规，确保制作品质，平台会对内容进行自动识别和监测，同时平台的制作人也会对内容进行审核，查看是否存在暴力色情、违法涉政等不良内容，查看是否存在音频质量不过关等问题，通过两次审核，确保内容质量，保障音频传播内容的安全性和合规性。

二、主播层面加强内容生产的策略

（一）组建团队

内容生产环节是主播作为特殊消费者，在完成身份转化后，以合作内容生产者的身份与音频平台共同创作、生产、制作音频内容的过程。主播会根据内容生产过程中分工不同，组建相对固定的专业化团队，团队内分工明确，减少沟通成本，有利于提高节目制作的效率。在该环节中，主播起主导作用，企业根据主播内容生产流程以及该过程中产生的需求对接资源，协助主播完成节目制作和节目上线。大多数主播会组建团队进行音频内容的生产与制作，根据音频节目的内容类型不同，团队的组建和人员结构也会有所不同。例如，有声书主播、广播剧主播会从人物角色分配、制作分工、音频后期制作等角度选择合作的配音演员、导演、后期制作人员等，情感类、财经故事类主播会从选题策划、内容运营、主播运营的角度搭建团队。随着主播与自身节目内容的逐步成熟，核心团队成员会更加固定化，确保音频内容制作的专业化水平和高质量。

（二）内容把控

在音频内容专业化制作的过程中，主播以及团队需要对音频内容有一定的把控能力，从前期准备与策划、中期创作、后期制作等多方面，根据团队制定的标准与大数据分析的科学建议，对内容进行修正与调整，并在内容制作完成后、上传平台前进行标准化自审，形成内容把控。在访谈中发现，主播对音频内容把控度较高，原因在于平台会提前将相关标准告知主播，主播可根据平台要求与标准进行自我把控；平台赋予主播在内容创作上的自由度，不会过多干涉音频内容的制作。在该情况下，主播会尽可能在上传平台前，严格把控音频内容质量，降低被平台审核后"返工""返音"的可能性。

（三）主播风格

音频平台、主播、消费者三者共同参与内容制作过程，会伴随着每一次音频节目的制作进行重复，在一次次的循环往复中，主播与音频内容会形成自己特有的风格。比如，"Q1. 刚开始练习的时候，我每天都要听不同主播的有声书……我感觉每个人都有自己的风格，这是别人模仿不了的"。主播与音频内容风格化的过程，其实是主播在创作音频内容时从量变到质变的过程，这代表着主播与其音频作品逐渐成熟化；同时，风格化过程也是主播进行资源整合的过程，主播整合自我优势、平台帮助与粉丝反馈，逐渐在内容生产过程中形成自己独特的风格。这种内容生产机制，既可以帮助普通消费者快速向专业生产者转化，传递平台的经营理念和对内容产品的市场定位，也可以加速内容生产流程的细分化、个性化和专业化，落实企业内容理念和流程标准。

三、消费者层面强化内容生产的策略

（一）选题创意

主播在进行音频内容创作时会更加关注内容的专业化程度。例如，故事类主播会依据真实事件或史实资料进行演绎，话题节目主播会在前期策划中进行较为翔实的资料研究等。通过对案例数据的分析发现，主播对专业化制作内容的过程做出细致描绘，并且非常熟悉平台专业化内容制作的流程。比如，"Q3. 选题进来之后，我们内部对于专业化内容的研判还是非常仔细的，我们会马上判断出这个选题是不是大众关注的切入点，是不是大众广泛关注的点，是否巧妙，我们全部都是数据化的工作，熟悉哪个类别比较受关注，类别当中的哪个方向会特别受关注，这是团队在工作"。

（二）需求偏好反馈

平台与主播的交流互动主要是为了提升内容产品与消费者需求的匹配

程度，以促进节目销售为目的开展的。在售前阶段，主要通过 APP 广告、推送、媒体宣传等方式向消费者传播内容品牌信息，吸引消费者购买。平台与主播在内容生产环节的参与具有同步性，而作为普通消费者的粉丝群体在该环节的参与具有一定的滞后性。大多数消费者会在收听音频内容后，在粉丝互动环节为主播提供选题创意与反馈自我需求偏好，因此，主播一般会在节目上线后和售后阶段，通过交易信息分析、消费者的售后评价、直播见面会、线下见面会等方式获取消费者的反馈信息。依据消费者需求偏好的分析，主播会在下一个音频内容的创作过程中对内容产品设计、生产和营销进行相关调整和优化，实现通过与消费者互动提升产品和交易质量的目标。这也是企业整合消费者资源的一种方式，即通过对消费者交易信息的获取分析，掌握消费者需求和市场动态，优化内容产品和服务，促进企业形成应对外部环境的动态能力。由此可见，平台与主播、消费者的协同演化和合作互动非常显著，在内容生产环节，三者之间资源交互和动态能力的发展，促进平台实现了价值共创。

第四节 内容运营

蜻蜓 FM 音频平台与主播价值共创，与上述两个环节有所不同，内容运营环节是以蜻蜓 FM 音频平台为该环节运营主体。研究团队分析发现，蜻蜓 FM 音频平台上的内容运营主要围绕"资源共享"这一核心类属展开，包含大数据分析、宣传推广两方面，见表 6-4。

一、大数据分析

（一）企业层面对数据信息的应用

作为具有互联网基因的平台型企业，蜻蜓 FM 始终注重企业内和企业间的信息技术应用，以数据分析为基础，为企业战略的制定和管理者决策提供参考。移动音频平台的智能推荐和算法分发模式是企业核心竞争力的来源之一，也是企业营销的重要渠道。运用大数据技术，为内容生产者提供了用户画像等详尽的数据，这些数据信息是内容创作的指南，也是内容生产者或创作者评估作品表现和市场反馈的重要渠道。音频平台的工作人员在访谈过程中指出，大数据分析应用在内容运营的方方面面，大数据分析是基础，宣传推广是一种赋能。

表6-4 音频平台内容运营方面的主要特征及证据举例

关键环节	维度	核心类属	编码	例证援引
内容运营	企业	共享资源	大数据分析	Q6. 基本上我们都是以数据为导向的，所有内容其实都会有收费时长，从曝光到收听点击率，或用户的收听频次，都会有数据留存率。运营通过数据判断内容质量。 Q19. 蜻蜓FM对市场的把握比我们强，他们是专业企业，会把很多节点上的表现告诉我们，然后我们把这些内容放到节点上，产生的社会效益、点击率、购买率都会很多，我们之前在其他平台上的点击率是完全没法比的。
			宣传推广	Q1. 平台每年在我身上的推广，大概是200次的主页推广，基本上隔一两天就来个推广，对我个人的内容推广是特别有好处的。
	特殊消费者	共享资源	消费者分析	Q8. 从传播的角度来看，比如，公众号一般会出现三个访问高峰时间，包括早晨、午休时间、晚上9点左右。音频节目具有伴随性，比如，北京人早晨上班通勤时间很长，音频内容可以提供陪伴。
			新媒体宣传	Q18. 我们要实现品牌协同作用，每个人收听习惯不一样，有人喜欢公众号，我们就开了公众号，把我们一些对商业的观察和关于主讲的内容做了文字化处理发布，满足用户保存需求，还可以作为内部培训教材。

在内容分析上，蜻蜓FM音频平台会发现不同类型的音频节目内

容，其消费者的忠诚度不同，"Q6. 从范围上说，我们会发现凡是带有故事性、情节性和内容信息含量的音频节目，用户的忠实度，或者说黏性会比较强。……有声书，情感类的节目当中带故事内容的，其实这些内容的用户黏性比纯鸡汤文的要更强一些。同样，文化历史故事当仁不让，也是用户收听频率非常高的内容。新闻和报纸摘要一直是这个平台上收听频率非常高的一档内容，此外还包括财经类和科技类资讯。用户通过收听这些内容，获取到情感上的诉求，获取到信息上的诉求，对用户来说是有帮助的，是有价值的。当然，这是从用户留存率、收听市场数据倒推出来的。我认为，这其实是因为用户喜欢听这些东西，所以我们在做，用户在帮我们做内容筛选"。

在内容推荐上，分发的筛选机制主要是通过对消费者的行为标签和用户画像进行识别，提升筛选和推荐的精准度，既包括以用户画像和内容兴趣点为基础标准的模糊推荐，也包括以社交关系为基础标准的关联推荐。以蜻蜓FM音频平台针对消费者进行大数据分析为例，平台会根据消费者群体画像找出内容布局中的优势与不足，丰富内容产品布局。"Q6. 我们现在的用户人群男女比例大概是6∶4，男性大概占60%，女性大概占40%，男性稍微多一点，然后年龄结构是以25~40岁为主体……（用户群体）年收入相对是较好的，我们最早是从电台制作开始做，2011年电台消费者以男性公务员为主，以企业中层为主，以开车人群为主，这类人群收入水平和对内容品质的要求都是比较高的，所以电台非常重视文化类节目这块，不断扩展这部分内容。目前，儿童板块也成了一个主要板块，这类用户人群是为人父母，家中有小孩子。用户人群整体分布还是以北上广，沿海地区为主，内陆地区相对少一些。"

平台会同时运用算法推荐与主观推荐两种方式，"Q6. 从我们的运营方法论上来说，其实是一致的……基本上我们都是以数据为导向的，所有内容其实都会有收费时长，从曝光到收听点击率，或用户的收听频次，都会有数据留存率。运营通过数据判断内容质量，我们基于两层维度的推荐，一是算法推荐，让用户更多地接触新的内容，我们称之为动销率；二是运营人员基于个人的判断，在这些内容和用户的属性范围上做进一步的推荐，去做整个内容营销"。因此，平台根据产品市场表现、购买量和会员转化率进行测算评分，市场表现突出的内容产品，将会获得优先推荐位和优先推荐权，持续积累产品的品牌效应，促进价值和流量变现。同时，内容生产者会根据用户群体的反馈情况，改进和调整内容产品的风格、时长、语态、配乐等，持续创作和生产能够满足用户需求的优质内容。

（二）主播层面对数据信息的应用

在音频上传平台后，内容生产者会获得平台依据个人或团队权重分发的初始推荐流量，将消费者行为标签和内容产品标签进行智能数据匹配，通过精准化的推送满足消费者的个性化需求。然后，依靠大数据等技术，内容提供者对音频产品获得的点击量、收听量、点赞量、转发量、互动评论量等数据进行分析，判断出产品的反馈评估和消费者的收听偏好。

对主播来说，大数据分析产生的计算结果与分析建议可以成为音频内容优化的标准，根据内容上线后人均用户播放时长，用户次日留存数据、点击转化率等数据可以判断音频节目是否为优质内容。同时，根据平台提供的用户分析数据，主播可以了解用户习惯、调整音频内容上传时间。例如，"从传播的角度来看，比如，公众号一般会出现三个访问高峰时间，包括早晨、午休时间、晚上9点左右。音频节目具有伴随性，比如，北京人早晨上班通勤时间很长，音频内容可以提供陪伴"。"Q9. 在音频内容更新频率上保持一周一次到一周两次，在用户养成该收听习惯的基础上，我会选择在睡前时间段上传音频内容。"为验证该时间段上传的有效性，受访者Q9也曾在白天上传音频内容，但从收听率和用户实际反馈来看，效果并不理想。可见，数据信息在平台与主播互动过程中，成为资源交互的一种形式，帮助平台和主播做出科学有效的决策。

二、宣传推广

企业价值共创的结果以经济收益和大众化的物质满足为主，平台企业的经济收益体现在从产品和服务销售中获得的利润；大众化的物质满足体现在消费者在体验内容产品和服务过程中获得的使用价值和满足感。在大数据分析的基础上，平台要实现对内容产品的有效运营和销售收入，内容上线后的宣传推广也是重要环节。从音频平台的宣推重点来看，平台内部的宣传推广力度要远远大于平台外部，主播音频内容的点击量主要依赖于平台内的宣传推广，多数主播比较认可音频平台在该方面的能力，部分主播会认为自己的音频内容能够获得较高关注度，与平台上百次的推荐位曝光有直接关系，部分关键意见领袖也会因为认可音频平台的宣传推广能力而选择该平台。比如，蜻蜓FM音频平台内部宣传推广会包括许多维度：新品、热播、热销、推荐位等，不同榜单的设置，其依据的算法也会略有不同，"Q7. 如果是热播，我们会通过这周的播放量进行排序。比如，我们将两周内上线的内容称作新品，在两周内的时间段里，对节目的收听量、活跃用户量，还有整体的收听时长等数据指标，进行算法排序，或通过排行榜判断热销的程度，更加直观地体现传播效果。平台推荐位的选择更多是基于机器算法做一些个性化的推荐，当然也会有人为干预，比如，有些主播的配合度非常高，他可能会在自己的自媒体渠道上，推荐他在音频平台上的内容，这时候我们的运营人员就会相匹配地进行人工干预，在我们的蜻蜓FM平台上推荐他们的节目，这其实是一个双向资源交互，实现互惠互利的模式"。就宣传效果来说，音频平台内部的宣传推广会赋予新手主播更多机会，在助力新手主播成长方面更具实效性。

在平台外的宣传推广中，主播自发性的新媒体营销活动要远远多于音频平台在平台外的宣传推广，主播成为营销主力军，多数主播会在自己的微博、微信公众号、短视频号等新媒体平台上发布与音频节目相关的宣传推广内容，在新媒体平台上集聚粉丝，再进一步将粉丝导流到音频平台上。这是为消费者提供差异化、个性化服务的一种方式，围绕内容产品的特点进行交互，满足消费者的物质需求、社交需求和情感需求。对主播来说，通过新媒体平台的营销导流，将会提高个人音频内容的收听率；对平台来说，通过主播个人营销，将会提高用户数量和规模。在此基础上，音频平台还会提出内容购买优惠机制、组合打包售卖、提供免费福利等，吸引新用户留下来，提高用户黏性。

第五节 主播培育

在行业调研中，我们发现在移动音频的头部平台中，目前仍面临着原创能力不足、内容资源输出能力不足的瓶颈，并且存在优质知识产品较为稀缺的问题。究其原因，行业中能够满足用户需求且具有高水平内容生产能力的主播人数有限，人力资本的培育还需要增强，知识付费领域还存在着较大的帕累托改进空间。在以客户需求为导向的共享生态中，成熟的音频主播在市场中依然规模较小，且占据着平台的头部资源，而这些主播恰恰是平台进行内容创新的主力人群，因此平台需要持续推动普通消费者向主播转化，合作主播向签约主播转化，加大培育投入力度，形成主播人才梯队。

蜻蜓FM平台始终高度重视对主播群体的培育，将主播视为企业发展最重要的合作伙伴和资源基础。正如研究团队在内容生产与运营两大环节中研究发现，音频平台会根据主播不同的发展现状，向其提供支持和帮助，包括版权共享、专业建议、硬件与软件支持、大数据分析、宣传推广等，通过主播与编辑"一对一"的沟通，平台逐步形成价值共创过程中的重要环节"主播培育"。企业的动态能力在主播选拔和培育阶段，发挥得更加充分，始终强调对作为特殊消费者主播的全方位支持，如表 6-5 所示。

表 6-5 音频平台主播培育方面的主要特征及证据举例

关键环节	维度	核心类属	编码	例证援引
主播培育	企业	价值主张	主播生态	Q17. 对平台来说，主播也是我们的用户，所以要加强主播生态的机制建设，比如，面向主播做专项活动，或者给予资源支持，达到扶持主播的效果。主播可以借助自己的人气，从站外平台把流量引到蜻蜓 FM 平台上，这也是一种双向作用。
		资源对接	宣推活动	Q4. 平台有活动的时候，相关人员会来问我愿不愿意参加，通常是给予曝光资源的活动。Q7. 如果是我们觉得非常优质的主播，在资源上我们会投入更多，我们会结合一些宣推的资源，还有我们平台上的一些曝光资源共同推动。
	特殊消费者	资源对接	个人品牌	Q11. 为了接多人剧，我们成立了自己的公司和机构招募主播。我们团队去争取接了第一本多人剧的连播，这是一个互相促进的过程。

一、资源识别

选拔和发掘主播，既是平台进行资源识别的过程，也是平台与主播建立合作的关键过程，将为后续的资源共享对接、内容创新提供基础。除了邀请知名专家学者、明星、网络大 V 进驻平台，共同开发内容产品外，音频平台一般通过两种主要孵化方式进行主播培育。第一，根据平台现阶段内容重点，确定重点培育的主播类型，以内容制作带动主播孵化，具体举措为在内容生产制作运营的过程中，根据主播需求提供帮助，辅助主播成长。在访谈中，蜻蜓 FM 音频平台的工作人员指出，近年来，平台分别在有声书领域和儿童故事领域孵化出一些不错的主播，并在未来将与这些主播尝试新的商业合作模式。第二，音频平台提出具有针对性的主播培育计划,通过开展规模性活动,开发更多新主播加入该行业,对主播进行大范围的选拔和孵化。蜻蜓FM音频平台先后推出多轮"天声计划""音频培训训练营""主播全薪成长计划"等活动,通过赛制选拔,发现有潜力的主播,甚至用高额入驻激励金和成长奖金鼓励主播创作,对其进行全面的培养与扶持,该种方式下培育的主播往往与音频平台之间的关联性更强,从选拔培训初期,就讲授音频录制技巧、云剪辑技巧、内容创作流程、平台经营理念和盈利分成模式,通过一个阶段的定向培养,平台与主播之间比较容易形成长期稳定的深度合作关系。

二、资源共享

在资源共享方面,作为特殊消费者的主播,主要共享个人的专业知识、社交智力时间等资源,企业与主播共享的是拥有的组织资源、内容资源、流量资源等。主播可以将平台作为打造个人品牌的交易媒介,加强面向普通消费者的推广和营销,促进内容产品销售。这是价值共创模式下企业开展互动式营销的主要形式,从推动主播培育,到加强主播培育深度,资源共享的过程使签约主播与平台的关联更加密切。

平台和主播共同为普通消费者提供产品与服务价值,满足消费者需求。"Q6. 从营销层面上,我们会从底层做一些合作,包括流量的分配、商业化的分配,甚至是帮他们去做一些新的服务模式和新的机会的开拓。独家签约的主播我们必然会供给更多资源,提供更多的服务,在深度捆绑上,我们是从头到尾提供一系列能力赋权,而不单纯用评价跟主播去绑定,这样的资源识别和能力对接能够促成长期的回报。"音频平台会选择将大量宣传推广资源应用在主播身上,比如,蜻蜓FM平台会向主播提供《中国声音大会》等宣传活动资源,以提升主播的曝光度。除此之外,平台还会提供与主播内容类型相关的项目资源,辅助主播完成高品质内容项目,提升主播的个人口碑。在商业方面,平台会根据主播成长速度与主播等级，赋予合适的广告资源，丰富在内容付费之外的其他收入来源，并进行广告资源的对接，有利于提升主播在平台之外的知名度，也为打造主播品牌助力。

随着平台资源逐步增加，主播的品牌效应逐渐凸显，主播的个人品牌开始建立，他们通常会利用平台资源聚集粉丝，作为自媒体团队向运营内容的企业过渡转化。在此阶段，大多数主播会选择将自己内容制作的团队固定化，整合人力资源，组建以声优机构、内容制作等为主的传媒类公司。可以使内容制作更具专业化、流程化，稳定音频节目内容输出品质；还可以在平台之外拓展主播的商业模式，利用主播的品牌效应，集聚音频领域的行业人才。通过签约新声优、制订新内容策划方案等，反向输送给音频平台，获得更多、更广泛的合作机会。

个人品牌公司的建立不仅对主播的商业化发展有利，对平台来说也是一种双赢。通过个人品牌的运作，可以产生协同作用，进一步发生集聚效应，包括上文提到的人才集聚，以及粉丝集聚，通过主播将音频之外的流量导入平台，辅以平台为主播提供直播等多种商业模式，从而有效地完成流量变现。"Q11. 第一，主播可以带货，他可以把自己的思维流量引入平台的公域，也可以通过个人的品牌化发展，建立主播个人社交群，进一步开展自己内容产品或者相关实物产品的推荐和带货。第二，形成主播跟平台整体、深度的联动，很多比较知名的主播都是意见领袖，他们能够带动背后的粉丝群体，与平台产生更强的黏性。"至此，主播与平台的合作模式发生质变，从初期主播个人与平台的签约合作转变为机构与平台之间的商业往来。相比较而言，成熟主播在建立个人品牌公司与平台合作之后，平台对其约束力相对较低，主播内容创作的自由度、灵活度提升，更有利于激发主播的创作活力。在平台外的活动参与中，主播可在不违反合约的情况下自主选择，持续扩大个人和商业品牌的价值，尤其是在公益活动方面，主播更愿意主动承担起社会责任。

三、资源对接

在资源对接方面，主播作为内容创作者加入平台或成为平台的生态合作伙伴，他们的身份定位和与平台之间的共创关系也在发生变化，可以将平台作为推广个人风格内容产品的交流媒介，充分发挥与消费者之间的情感认同优势，形成按需分配资源的合作模式和供给机制。

音频平台战略布局的关键是主播培育水平，平台提出了"主播生态"的价值主张。"Q17. 我们会做主播生态，这是比较大的概念和范围，我们蜻蜓 FM 音频平台的用户，主要是指 to C 端的用户，对平台来说，主播也是我们的用户，所以通过主播生态的一些机制设计，我们去更多地扶持主播成长。"在蜻蜓 FM 音频平台看来，主播的身份具有一定的特殊性，既是参与创建和推动 APP 发展的用户，具有消费者属性，还是连接平台与普通用户之间的桥梁。在内容节目之外，主播还可以衍生出其他相关权益和服务。比如，在以主播为主体的商业模式开发方面，平台可以发展主播经济，并推出与主播、自制内容联名的相关衍生品；在主播创作的音频内容界面，设置话题讨论和兴趣圈进行评论互动，进一步促进内容聚合和共享，让音频平台成为用户新的社交圈层，提升用户对平台的忠诚度和认同感。又如现阶段音频平台已经开始着力将主播与广告、会员模式有机结合起来，寻找商业模式中新的爆发点。对蜻蜓 FM 音频平台而言，目前主播生态仍处于起步阶段，还难以对主播提供分级式的个性化服务，未来需要平台团队联合主播，共同寻找主播生态中的新机遇、新挑战。

第六节　价值创造

在音频平台的引领下，主播将制作好的音频内容上传至平台，当音频内容被平台的用户及主播的粉丝收听或购买后就会产生价值，称为"价值创造"。平台与主播价值共创的结果，既包括经济效益，也包括个性化服务产生的价值。通过平台与主播的深度合作和资源交互，平台、特殊消费者和普通消费者三方均获得了不同的价值。平台借助主播与普通消费者之间的沟通和互动，发挥能力优势，更好地服务和了解普通消费者，增强营销效果和消费者黏性，获得经济收入和社会效益。在价值共创过程中，作为特殊消费者的主播获得了来自普通消费者群体的社交满足和来自企业的个性化激励，部分主播成了平台的生态合作伙伴，获得了个人品牌的成长价值。此外，普通消费者通过购买内容产品，不但能缓解知识焦虑，获得知识技能和娱乐价值，还能通过与主播的互动，进一步满足他们的情感需求和社交沟通的需求，这是移动音频平台为普通消费者提供的产品价值和服务价值。通过对案例数据信息编码和归纳分析发现，价值创造包括经济价值、情感价值、心理价值、信息价值、文化价值、功能价值六方面。

一、经济价值

不同于本书第三章归纳出的移动音频平台的盈利模式，蜻蜓 FM 音频平台的商业变现模式具有鲜明的企业特色，能够展现案例企业的价值创造和商业变现模式。平台在价值共创过程中创造的经济价值和盈利来源包括五方面。

第一，内容付费。蜻蜓 FM 音频平台向站内用户开放所有主播制作的音频节目内容，用户通过单点购买的方式获得收听权益。在内容付费的商业模式实际操作中，多数情况下平台会将主播的音频节目中部分前期内容作为免费内容，这也是双边市场中，一方提供免费产品，吸引消费者入驻的主要策略之一，以此吸引平台新用户、主播新粉丝收听，并为后续精彩内容付费。

第二，会员付费。会员付费是一种以高阶付费权益为核心、以内容付费为基础的组合性商业模式，面向的是音频平台的忠实用户群体、主播的资深粉丝等。通常情况下，会员付费购买的音频内容以专辑等打包形式为主，在享有免广告、提升使用体验的情况下，还可以享有会员专属优惠权益，甚至音频平台上的部分音频内容只面向会员开放。从访谈中可以了解到，在收入规模上，来自会员付费的收入远远超过一般内容付费，往往是主播的最大收益部分。在二者的发展趋势上，会员付费呈现出实质性高速增长的态势，但现阶段明确的是，会员付费不会完全取代一般单点式内容付费。

第三，直播打赏。直播打赏模式与视频平台的直播打赏模式基本类似，且在音频平台上可细分为两种情况：一是主播将直播作为自己的主要内容形式，在直播互动中获得来自粉丝的礼物打赏支持，播客的流行正是契合了当下理性消费、实用主义、慢节奏的社会发展趋势，这部分业务将成为内容创作的新蓝海，为音频行业发展提供新空间。二是主播仍然以上传音频节目内容作为主要呈现方式，定期进行直播活动与粉丝互动，巩固听众基础，提高粉丝黏性，同时收获经济收益。

第四，广告代言。通过平台联系，将广告植入主播音频节目内容，与影视剧广告植入相同，包括片头播报、片尾冠名、中插植入三种情况，最终的广告收入会与音频节目的点击量具有强相关性。此外，当主播的粉丝数量达到一定规模时，广告商也愿意通过平台选择合适主播进行短期的冠名代言，但音频主播的广告收入远不及视频广告植入的收入，且在主播整体的收益占比中，并不占据主导地位。

第五，内容二次售卖。在主播允许的情况下，音频平台会将主播的节目内容二次售卖给其他设备终端，包括现阶段流行的人工智能终端等。通过多平台的内容共享，拓展节目内容的辐射范围，增加主播的知名度，各平台之间也能实现营销联动，促进音频节目的交易。

以上五种商业变现模式中，前三种在现阶段蜻蜓FM音频平台上的收益贡献中贡献度较大，按盈利收入进行排序，分别是直播打赏、会员付费、内容付费，形成了音频平台商业变现和盈利来源的"三足鼎立"态势。

在主播收入和培养方面，主播将通过内容提供获得平台收益，包括以下七方面：第一，直播节目收入，包括粉丝在收听过程中的送礼物、点赞流量等收入；第二，付费节目，即用户为了收听付费节目支付费用的分成；第三，问答栏目，即用户付费提问和付费旁听支付费用的分成；第四，有声化平台收入，即录制有声书赚取的个人报酬；第五，签约费用，即与平台签约后成为签约主播所得的收入和资源；第六，广告收入，即在广告共赢计划中，在内容节目中植入广告和贴片广告所得收入；第七，微任务收入，即内容节目冠名和口播所得收益等。除主播的经济收益外，平台与主播的互动，不但会让平台获得更多经济效益，对主播个人而言，也能获得音频内容制作、播出、宣传等方面的经济收益。由于内容节目的长尾效应，这些收入也具有一定的持续性，是平台与主播互动共识、建立可持续发展关系的基础。

需要补充说明的是，在收益分配方面，音频平台获得的经济收入会与主播按比例进行分成，在签约初期双方即可就其分成比例达成一致，一般来说，包括固定收益和销售总额的提成比例。与商业变现模式的分成情况不同的是，还有一种是以单次录制后的劳务结算方式，这种变现形式更加传统，且在现阶段音频平台上存在，但较为少见。如果主播与平台最终决定选择单次录制的劳务结算作为收入方式，那么原因是平台和主播双方均需要考虑一个利益点，只有当平台赋予主播的资源价值与主播给予平台的内容质量能够达成一种平衡时，双方才会选择收入分成。当双方难以形成商业平衡时，单次录制进行劳务结算更加实际且合理。由此可见，无论是哪一种商业变现模式，最终都会与音频平台粉丝收听或购买数据息息相关，平台上用户的消费行为是音频平台与主播获得经济收益的关键所在。商业模式的落地，意味着平台与主播通过合作互动，共同创造了经济价值。

二、情感价值

情感价值不同于其他价值，在音频平台与主播价值共创的过程中，体现出一定的双向性。用户在收听音频内容后，会获取情感上的诉求，比如，情感类主播会通过音频内容对用户进行心理疗愈，部分有声书主播会通过陪伴分享向粉丝传递温暖等。主播粉丝也是在收听音频内容的过程中，逐渐产生陪伴的情感需求，使收听主播音频节目成为日常习惯，因此音频内容也承载着情感价值。情感价值的双向性源于情感共鸣，即主播会在收听粉丝内容的过程中使自身的情感诉求得到满足。"Q4. 粉丝是核心，是我能继续这件事的原动力。大家也能从我的声音中收获陪伴、收获温暖，可以说我们是互相取暖。"与此同时，艾媒咨询调查数据显示，60.8%的用户表示对音频服务的主要诉求是放松心情，47%的用户表示是为了打发闲暇时间①，进一步验证了音频内容的情绪价值属性。主播还从音频内容的传播、粉丝的收听反馈中，汲取力量，实现自我价值，有助于丰富音频内容的情感价值内涵。

三、心理价值

心理价值的产生源于消费者对主播音频内容的认可，消费者在购买收听音频内容时，心理感知风险低，进而会在收听音频内容时产生心理价值。在访谈中，有主播提到，"Q1. 有声书属于二次加工，可能这个书本身内容并没有太多意思，但是经过演播之后特别有意思，特别好玩"。主播的演绎提升了书籍内容的有趣性，音频内容的心理价值也应运而生。在音频平台看来，音频内容的心理价值也可以称为"获得

---

① 艾媒咨询.中国移动音频用户规模将达到6.4亿，喜马拉雅稳居头部地位［EB/OL］.凤凰网财经频道，2021-08-11.

感"，"Q11. 我们提出在整体上内容要有强度，这个叫获得感，所谓的强度呢，是指音频它有一个很大的特质即单次购买的音频，对这个内容却是永久获得。好比今天我看了一本书，书很棒，我就会买一本放在家里，我可以永久获得"。从上述典型援引中可以看出，从平台的运营角度来看，心理价值的产生可以实现用户体验的提升而获得满足感；从主播的内容生产角度来看，心理价值产生往往是由于音频内容本身具有足够的心理吸引力。

四、信息价值

信息价值普遍存在于多种类型的音频节目中，用户在收听音频节目内容后，自身信息获取的需求得到满足，音频节目承载的信息价值也随之显现。心理情感类的主播会通过普及心理健康常识，满足部分用户对心理健康认知的需求；案件推理类主播凭借复盘过往公开经典案件，帮助部分用户了解人性、正视社会中的正邪之分；财经类主播在音频内容中讨论分析"智商税"等热点话题事件，使用户清晰地认识到多种经济骗局的内幕消息；有声书主播也会在防疫特殊时期录制防疫知识，普及疫情防控卫生常识，为抗击新冠疫情和开展常态化防控等发挥积极作用；明星主播直播带货扶贫，讲述产品和产地故事，助力特色产品销售和产业链发展，推动当地乡村振兴……不同类型主播创作的多元化音频内容，可以满足音频平台大部分用户的信息需求，可见在音频平台与主播的价值共创过程中产生了信息价值。

五、文化价值

文化价值在音频领域集中体现在社会文化类节目上，移动音频内容产品和服务供给的边际成本很低，但有很高的边际经济效应，充分体现了平台在推广宣传文化产品中的优势。入驻音频平台的主播本身就有通过音频进行文化传承的愿景，初衷是希望将古代历史、传统技艺、文化解读传承下去，内容产品文化价值的产生往往呈现出"不鸣则已，一鸣惊人"的特征，具有广泛的消费者群体和市场需求。比如，评书作为传统的大众艺术，可以在音频平台上作为节目内容单独推出，在演播有声书时也可以根据主播类型，灵活运用评书艺术，通过直接与间接的方式传播评书文化。

六、功能价值

功能价值是指平台基于场景化需求、由主播进行场景化类型音频内容生产、经平台用户收听后产生的价值。"Q11. 某种情况下用户是有多场景诉求的，比如，我需要更好地进入睡眠，还是这一刻我就是想睡前娱乐，用户的整体场景需求不同，包括整体的伴睡功能到底是帮助我，还是哄我的孩子入睡……"在该场景下，音频内容承担着伴随入睡的功能，甚至衍生出更多细分化的伴睡内容，产生特定的功能价值，符合不同用户群体的偏好，增加了音频内容的功能性。音频平台尤其会关注音频内容在车载场景的功能价值，车载场景需要最大限度地降低现阶段音频 APP 普遍存在的操作繁复问题，需要在保证车辆安全行驶的情况下实现一键操作，播放出行人士所喜欢的音频内容，该音频内容与睡前场景内容完全不同，需要尽可能排解车载旅程中的无聊情绪，并使听众保持清醒，至此音频内容的车载伴随性的功能价值就呈现出来了。

第七节 粉丝互动

在音频平台上，粉丝是作为平台的普通消费者参与互动和价值共创的。主播与粉丝的互动渠道主要有三种：社交媒体交流、音频平台内交流、线下活动交流，如表 6-6 所示。

表 6-6 音频平台粉丝互动方面的主要特征及证据举例

关键环节	维度	核心类属	编码	例证援引
粉丝互动	普通消费者	互动	选题创意	Q3. 粉丝将他们的所思所想告诉我，我会得到粉丝单纯的支持，他们愿意把自己的心里话跟我讲，他们愿意告诉我他们此刻的心态是怎么样，他们在担心什么。
			需求偏好反馈	Q5. 我在直播的时候做了好多节目，包括鬼故事、历史人物、宇宙知识，后来发现大家对案件最感兴趣，就一直在做案件内容。
	特殊消费者	互动	社交媒体交流	Q4. 微博，之前有过微信群，还让他们加过我的微信个人号，最多的时候加了2万多人。
			平台内交流	Q6. 平台上做点播内容的主播，会定期使用直播工具跟用户互动，但点播只能做单向的信息输出，主播没有办法看到粉丝的反馈，所以直播就变成了一个他和粉丝交流的空间。
			线下交流	Q8. 我们有一位听友特别有意思，是一个东北的老大爷，坐火车专程到济南，找我们谈他对节目的感想看法，甚至说让我们打造一款老年版的节目。
	企业	服务交换	危机处理	Q1. 平台工作人员会告诉我特别恶意的评论，也会安慰我，不要太在意。 Q5. 会把发表恶意评论的账号拉黑，把评论删掉。
			活动运营	Q6. 为了更好地提升品牌知名度和用户的认可度，促进用户增长，比如，每年的两个节日，"423知识节"和"123知识节"将以会员为中心，开展全面性的促销运动。
			服务体验	Q16. 从市场角度把品牌推广慢慢变成了用户服务推广，如果最终用户在消费内容的时候享受到更好的服务体验，那么它的口碑就好，认可度也好，会越来越强。

一、社交媒体交流

在多数情况下，社交媒体交流是主播与粉丝互动中最常见的方式，使主播与粉丝双方的沟通成本更低,交流互动更加便捷。"Q9. 他们在平台上收听了内容之后,会在我的微信粉丝号,或在我的微博上跟我聊,这期讲的内容挺有意思,或是有什么意见建议等,他们基本上集中在原先使用的平台上跟我交流,而不是直接在音频平台上跟我交流。"在社交媒体上,主播与粉丝的互动较为积极,无论主播还是粉丝都习惯在社交媒体平台上进行交流,即使音频平台提供了主播与粉丝交流的互动界面,包括对主播内容的纠错互动,催更讨论,建立"听友会"互动,听友推荐书等,也难以满足粉丝沟通交流的需要。在访谈中,部分主播表示仍会建立粉丝微信群、QQ 群,通常情况下还需要建立多个群聊,以聚集和包含所有核心粉丝;还有部分主播会在微博上建立账号,与粉丝在微博上进行话题探讨,这也反映出未来仍需进一步强化音频平台自身的社交属性,建立更开放的社交平台功能,吸引粉丝聚集到平台上交流。

二、音频平台内交流

相较于社交媒体交流,平台内的粉丝互动目前来看相对较少,但其存在具有一定的代表性。粉丝通常会在音频内容的评论区留下自己的听后感受、意见反馈,包括在内容生产环节中提到的"粉丝会提出选题创意、部分专业指正,以及反馈自我偏好等"。这些评论留言可以帮助平台和主播对音频内容进行优化升级与精准管理,企业能更全面地把握粉丝画像和收听行为数据,推动内容创作逐步向高品质、高话题度方向发展。在访谈中发现,并不是所有的主播都能积极关注和研究粉丝互动评论内容,部分主播只是将制作音频内容当作自己业余爱好,在平台上仅仅通过音频节目内容口播的方式,将粉丝导流到社交媒体平台上,再偶尔与粉丝进行简短的沟通交流。

事实上,评论区的粉丝互动、节目口播并不是平台内互动的最主要方式，随着移动互联网和5G技术的快速发展，音视频直播成为新媒体平台发展的主流趋势，越来越多来自不同行业领域的用户逐步喜爱上播客并成为平台创作者，尝试进行新的内容创作，也成为主播个人IP化的重要形式。"Q6. 平台上做点播内容的主播，会定期使用直播工具跟用户互动，但点播只能做单向的信息输出，主播没有办法看到粉丝的反馈，所以直播就变成了一个他和粉丝交流的空间。而且在直播的过程中，由于他正在点播的这个内容，吸引来很多粉丝，所以直播的同时也能给他带来一些变现的价值。因此，主播都会选择定期地去做一些直播，这样下来收益也是不错的。"由此可见，音频直播更具有实时性和互动性的优势，用户可以根据需求和喜好自行选择内容，畅通交流互动的渠道。目前，直播已经成为音频平台内主播与粉丝交流较为常见的互动方式。此外，还可以组队听书，开展互赠礼品卡等线上社群活动，增设卡片签到等功能，进一步强化平台、主播和用户之间的互动交流，这也是平台、主播、消费者协同演化的重要方式之一。

三、线下活动交流

线下活动交流往往是粉丝呼声最高但实际操作难度较大、成本较高的一种互动方式。与平台或项目官方举办影视节目粉丝见面会性质不同的是，虽然音频平台也会针对头部主播举办官方性质的见面会，但实际上，更多的主播与粉丝见面互动并不具有官方性质，多数情况下还是以团队自发小范围内的粉丝见面活动为主，主播与粉丝双方的见面沟通方式更类似网友见面，距离感较小，亲和力较强，能够快速拉近主播和粉丝之间的关系。

在粉丝互动环节，音频平台作为载体支持特殊消费者和普通消费者的互动，利用平台资源进行危机处理、活动运营和服务体验提升。极少数用户会在平台上的评论区中留下恶意评论或者虚假好评，极端黑粉的言论有可能对主播造成一定程度的伤害，为保障主播与其他粉丝正常交流、维护主播权益，音频平台会从技术层面帮助主播处理和解决恶意评论与虚假好评。针对遭遇恶意评论较为严重的主播，平台会安排编辑主动联系主播，从心理上对其进行疏导安慰，协助他们解决在与消费者互动过程中出现的问题。活动运营主要指音频平台举办的大型活动，如知识节、周年庆活动等，在此类活动中，平台会提出具有创意的营销策划，通过加大音频内容的优惠力度和运用大数据推荐等方法，对音频内容进行精准推送，吸引新用户进入音频平台的同时，提升固有用户的忠诚度。在活动运营的基础上，音频平台致力于提升用户的服务体验，个性化推荐减少了用户使用该平台付出的时间成本；优质便捷的用户体验会打破主播与粉丝的沟通壁垒，使双方交流互动更加通畅。

第八节 价值共创机制的典型现象

在研究蜻蜓FM音频平台与主播价值共创的过程中，研究团队发现，激励机制与资源倾向两种典型现象始终贯穿在价值共创的六大环节中，激励机制在平台与主播达成合作意向初期就开始发挥作用。平台会在合约中明确独家签约与非独家签约享有的不同资源待遇，主播如果选择独家签约，可以获得平台更多的支持帮助和资源倾斜，以实现双方的深度合作。在激励机制中，最有效的方式是提升主播的经济效益，推动主播持续输出优质内容。主播的收入主要是移动音频平台给予的佣金和提成，收入高低与其提供的产品质量和传播效果有密切关系，在签约合同中，会明确标注内容产品的分成比例，因此在比例事先约定的前提下，产品质量高，传播效果好，主播获得的收入也会相应增加。在签约后，音频平台会在营销层面与签约主播进行深度捆绑，为主播提供更多的运营服务，为主播的内容制作赋能，激励签约主播持续输出内容。在社群管理方面，现阶段音频平台会依据主播在平台内部的社群现状，鼓励和支持主播在平台外进行社群能力的发展，帮助主播提高集聚粉丝的能力，激励主播生产出优质作品吸引更多粉丝收听。此外，平台会员制的有效推行、内容付费的推广，以及分成比例的优化，均能直接为主播带来更多的经济收入，尤其是会员制的有效推行，吸引了具有较高忠诚度和内容产品消费能力的用户进入，使主播音频内容价值变现更加顺畅，既保障了主播在平台内的稳定收入，依靠优质内容聚集相对固定的消费者群体和粉丝群体，又起到了引导和鞭策的作用，使主播更愿意主动寻找热点话题、制作优质内容，有针对性地推送给会员，实现良性循环。

资源倾斜也是伴随激励机制呈现出的典型现象，其评判标准包括主播量级音频内容的付费收入，具体涵盖主播流量、专业能力、商业变现能力等。在与激励机制协同配合的机制下，音频平台从版权资源的筛选、节目策划、运营投入、推广资源数量、合作制作、流量支持等多方面，根据主播量级进行资源倾斜。比如，在版权资源筛选过程中，"Q1. 刚开始签约的时候，独家会拿到一些好的资源，但是多人剧推出之后，我们就会择优去选，这主要看主播的水平。近年我发现平台会给予业务水平好的主播内容优先选择权和录制权"。版权资源的倾斜标准从合作深度转向主播的专业能力，将主播和优质内容资源结合在一起，保障作品质量，这与音频平台提出的"精品化战略"价值主张不谋而合。当面对成熟的关键意见领袖类主播时，资源倾斜的现象会更加明显，"Q6. 通常我们会持续加大在团队上的投入，因为它带来的营收回报也是非常多的。之前某主播第一年做节目，第一个月就卖了2000多万元，所以在后续的用户运营和服务上，我们会加大力度，投入也更多"。而在普通主播群体中，资源倾斜现象集中出现在推广资源方面，在主播反馈与平台自述中均有体现。个别主播指出，在签约第二年，随着个人IP越来越红，平台每年在主播身上的推广平均达到两天进行一次推广曝光的频率,这对主播个人发展特别有利。在与平台高管的访谈中提到,"Q7. 如果是我们觉得非常优质的主播,在资源上我们会投入更多,我们会结合一些宣推的资源,还有我们平台上的一些曝光资源共同推动"。如果主播音频节目内容主打付费模式,平台还会提供有效的大数据分析建议,帮助主播提升内容品质,获取更多效益。

综上所述,移动音频企业与消费者、消费者之间交互方式的根本改变,使企业价值共创呈现出很多新动能、新特点、新趋势。伴随着移动互联网的快速发展,音频企业的内容生产模式、盈利模式、营销模式、客户关系管理模式都在持续发生变革,对企业基于价值共创的发展实践提出了更多挑战。在服务主导逻辑下,企业与消费者进行价值共创,突破了传统企业动态能力、资源交互的方式,蜻蜓FM作为移动音频行业的标杆性企业正在全面落实以合作为基础的价值共创内容生产模式和营销模式,这对未来互联网传媒企业的发展机制提供了现实范例和实现路径。

第七章

移动音频平台与主播协同演化机制研究

第一节 主播意见领袖和平民中心的概念界定

主播是移动音频平台价值共创的重要主体之一，也是平台深耕内容、推动战略发展的关键。研究团队对平台与主播的协同演化机制进行了深入分析，以期进一步完善服务主导逻辑下平台与主播进行价值共创的理论和实践研究。本书依据主播成长路径的区别，将主播分为意见领袖与平民中心两类。

意见领袖，是指具有资深专业知识和魅力，并具备一定影响力和号召力的消费者，他们的知识贡献使其成为内容生产的专业用户，比如，知名人士、人气明星、各个细分领域的专家学者，具有电台、电视台、互联网工作背景的知识"网红"，他们有名气、制作内容实用性强，有鲜明的个人风格和较高的专业水准，更容易获取知识付费平台中消费者的信任。借助"粉丝经济"效应，既能为平台带来较高的人气，又能影响消费者做出购买知识付费产品的购买决策。对平台来说，有能力变现的意见领袖是稀缺资源。在项目开发和合作上，平台与意见领袖合作以开发付费节目为主，他们共建交易媒介，进一步强化普通消费者对平台的能力信任和专业性的认可，见表7-1。

表 7-1　蜻蜓 FM 部分意见领袖节目畅销榜单（截至 2022 年 1 月）

排名	领袖人物	节目名称	播放量（次）	付费价格（元）
1	蒋勋	《蒋勋细说红楼梦》	3.1 亿	199
2	曾仕强	《易经的人生智慧》	892.6 万	168
3	冯唐	《冯唐成事心法》	1143.4 万	239

平民中心是通过平台和渠道建设，形成具有一定营销影响力的主播类型，他们主要产生用户生成内容，比如，认证主播、处在社交网络中的关键节点人物等，他们既是"草根"主播，也是平台的普通用户，往往具有一定的社会关系影响力和人脉资源，在其细分群体市场上能吸引消费者的关注，被平台发掘和培养成为主播，比如，蜻蜓 FM 的小说君、广旭和元帅、老杨、老檀说车等，都已经成为知识付费领域的"网红"主播。平台与其合作开展有声书录制、专栏节目制作等，他们出品的节目内容大多数与普通人的生活息息相关，包括教育、亲子、自我提升、英语学习等，引导大众掌握实用的技能和知识，内容生动有趣、抒发情感、引起共鸣。平台与平民中心主播共同构建交流媒介，借助普通消费者对主播的情感信任和人际关系基础，实现知识共享和商业化逻辑，进而带动平台流量的增长，拓展知识服务场景和多元化的盈利模式。

显而易见，两类主播的成长和发展路径并不相同，其与平台协同演化机制也有所差异，当流量成为稀缺资源时，主播对单一平台的依赖度较低，平台与主播之间存在着一定的替代性，因此加强平台与主播之间的沟通连接和资源交互，能提升平台发展动态能力，拓展知识付费服务新模式。

本章节将重点探讨平台与两类主播如何通过资源交互，使企业具有可持续性的动态能力，使主播具有更多的成长可能性，发现和培育能满足消费者需求且具有高水平内容生产能力的主播，帮助移动音频平台在主播培养和内容产品生产方面解决制约企业发展的瓶颈问题，提升企业整体的营销能力。

第二节 移动音频平台意见领袖类主播与平台协同演化机制

为了应对外部竞争环境，在关键意见领袖主播与音频平台协同演化机制的研究中发现，双方的资源交互和能力演化大致分为四个阶段，即识别资源阶段、整合资源阶段、共享资源阶段、对接资源阶段。在不同阶段中，双方主要通过资源交互的方式逐步形成动态协同演化的路径，见图 7-1。

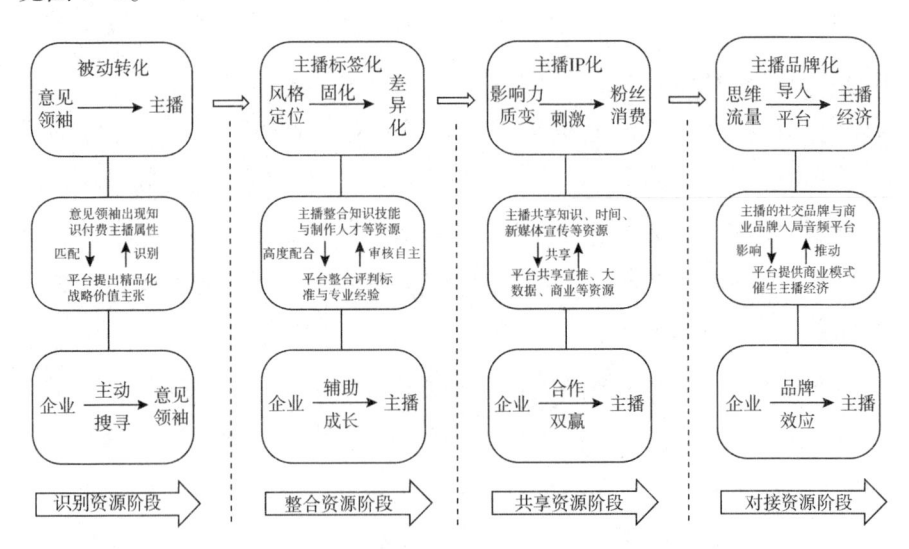

图 7-1 平台与意见领袖主播通过协同演化实现价值共创的过程

一、识别资源阶段

互联网社交平台的快速发展为移动音频的消费者群体之间的便捷交

流创造了有利条件。基于平台内容产品的营销趋势、消费者群体交流的信息、对购买数据的分析等，企业重点关注意见领袖在带动群体消费上的稀缺价值。意见领袖往往在入驻平台之前就具备了一定程度的专业技能、知识贡献、独特魅力与社交影响力，由于消费者对 IP 的认可度较高，因此意见领袖自带的粉丝和流量将成为音频平台知识变现的动力来源。但对平台来说，入驻平台之前的意见领袖仅仅是消费者的身份，此时的意见领袖并不是我们进行协同演化机制的研究主体。当意见领袖逐步在大众面前呈现出知识付费属性，具有高水平的专业素养和知识传递能力，能够吸引知识付费消费者进行消费，影响知识付费人群的消费习惯时，意见领袖便成为音频平台的潜在主播资源，这部分消费者进而逐步演变为知识付费平台的意见领袖。多数情况下，平台会派出制作人，通过大数据分析、热点人物、关键事件，以及自己的人脉关系、社会资源，找出具有知识付费平台选拔和培育资质的意见领袖，在双方达成合作意向后，意见领袖转变为协同演化机制中的研究主体"关键意见领袖"。意见领袖从平台的用户角色转变为平台合作伙伴的过程，也是他们扮演的特殊消费者角色分化的过程。

一般来说，意见领袖都拥有相对固定的粉丝群体，粉丝不但关注意见领袖的动态信息，还追随他们提供的产品推荐信息，并在购买过程中或购买后与意见领袖进行互动交流。音频平台需要及时有效地识别出意见领袖是否具有主播资质与知识付费属性。平台对意见领袖的评判一般基于两点：一是音频平台现阶段的内容发展需求，二是意见领袖是否符合平台的发展方向。对于意见领袖是否符合音频平台现阶段内容需求方面，识别意见领袖的制作人需要与平台内容运营人员确定好内容方向，有目的地寻找与之相符的关键意见领袖。对于确定意见领袖是否符合平台的发展规划，需要制作人与意见领袖确认自身定位与未来发展规划是否与音频平台提出的战略价值主张一致。比如，音频平台曾主动联系广播电台的节目评论员，力邀评论员入驻平台，其原因在于该评论员在节目中呈现出的风格独特，内容讲述深入浅出、通俗易懂，并将相对枯燥无聊的内容讲述得较为有趣，而评论员此时也发现，很多听众已经反馈并提出节目回听的要求，广播电台的即时性难以满足听众的回听需求，这时音频平台可以弥补这一不足，故双方一拍即合，达成合作。面对意见领袖的寻找方式，制作人常常会选择通过自己的人脉关系进行连接，部分意见领袖在入驻平台前，是因为在与平台工作人员沟通相谈甚欢，或在某次对谈中自然而然提出节目创意与主播邀请。然而，企业工作人员的人脉资源终究是有限的，当人脉关系无法支持识别意见领袖时，制作人会选择通过互联网搭建关系。利用现阶段意见领袖活跃在网络社交媒体的特性，从粉丝数量、互动话题热度、评论话语分析等信息，能及时有效地发现具备强大粉丝号召力和市场影响力的意见领袖，之后在现实会面中发出入驻平台的邀请，共同研发生产内容节目，并对相关品牌节目进行推荐。

总的来说，为了适应互联网行业的快速发展和消费者对产品偏好的需求，平台始终在寻找提升企业动态能力、实现企业战略目标的方法。主播是移动音频平台拥有的重要人力资源和原创内容的来源，企业对资源的识别很重要的一部分是对意见领袖异质性资源的开发，通过识别分析和建立合作关系，平台将不断拓展优质主播的规模。

二、整合资源阶段

在平台识别出意见领袖类对象性资源后，意见领袖进入平台正式转变成为平台的主播，与平台正式达成战略合作，并开始制作音频内容输送给平台。在内容制作过程中，关键意见领袖往往整合多方面资源，包括对象性资源与操作性资源。在整合对象性资源方面，意见领袖在进入平台之前就已经拥有了自己的运营团队，音频平台上的内容制作多数情况下由该团队直接策划制作。在整合操作性资源的阶段，意见领袖成为连接平台与普通消费者个人交易化的媒介和连接点，意见领袖通过共享个人的智力资源、时间资源、社交影响力，开发适合平台传播的内容节目，并利用个人知识、专业经验、闲暇时间，为普通消费者和粉丝群体提供个性化的服务，发布内容产品活动链接、通过微信群、QQ 群等社群网络与粉丝互动、参加平台组织的线下活动等，让消费者对其和平台产生认同，进而产生知识产品消费，将平台和用户之间的交易成本最小化。

在关键意见领袖与团队共同生产音频节目内容的情况下，关键意见领袖运用自己的知识储备形成符合音频平台特征的知识付费内容，他们多数有着较为完整的知识体系与系统理论，在各自领域进行了一定时间的深耕细作，关键意见领袖的音频内容自始至终呈现出高度专业化的特征。例如，情感类主播在访谈中指出"Q3. 我现在从专业知识角度给消费者一些抚慰、反馈，再提供一些帮助就可以了，所以我觉得我的工作就是和粉丝交流，然后用我的专业知识帮助大家解决问题。每天进行这种流转，有时候可能是上午 2 小时。我在提供帮助的前 10 分钟用精神分析方法，然后用动力方法，再往下用认知方法，有时候还会用一些后现代技术去剖析和解答情感问题，是这么一种交流模式"。基于意见领袖高度专业化的制作能力，其自身和团队在内容把控方面会更具有掌控力。相较而言，平台虽对关键意见领袖的内容设有常规的内容审核制度，但更愿意在内容制作与把控方面，给予关键意见领袖及团队更强的自主性，平台展现得更多的是一种辅助者的角色。音频平台会基于自身战略决策与关键意见领袖的内容需求，发挥平台内部的人才优势，运用平台在音频领域的专业能力与丰富经验，为主播提供专业化的指导建议，包括海报设计、标题修正、上传日程等多方面帮助，形成操作性资源的整合。同时，平台根据后台数据统计的互动热度和营销转化指标，给予意见领袖相应的奖励和资源分配，为意见领袖提供后端支持和服务，并将普通消费者的个性化需求和大数据分析得出的内容产品消费趋势，及时反馈给关键意见领袖，减少信息不对称性，供主播随时调整、更新、研发新的内容产品，形成了资源共享和价值共创互动的"闭环"。

在整合资源阶段，平台提供资源条件，支持意见领袖与普通消费者的交易互动，意见领袖与平台共享个人资源，参与营销互动。平台和意见领袖通过共享异质资源形成了动态能力，与平民中心不同的是，关键意见领袖节目内容的风格在内容制作之初就基本定型，后续的内容制作过程是在粉丝群体中对其风格进行不断固化加深，在音频平台上迅速形成主播标签，以此形成差异化风格。

三、共享资源阶段

在音频内容制作完成后，意见领袖主播通过平台的多种营销模式和付费交易，将内容产品变现为平台的经济收益，最终关键意见领袖与平台在经济收益上进行分成，形成商业价值的共享。毫无疑问，意见领袖主播的知识与时间两种资源的共享是该阶段的核心任务。平台需要以音频内容为链接，搭建起主播与普通消费者互动的桥梁，使平台与用户尽可能形成深度绑定的关系。而对意见领袖主播来说，音频内容的运营仍需要平台的帮助。平台将优质的宣传推广资源共享给意见领袖主播，结合主播在自媒体平台的宣传推广，进一步将主播的音频品牌形象打造得更加鲜明，迅速推广到音频市场中。根据意见领袖影响力的大小，音频平台共享资源的多少也会存在差异，头部意见领袖往往会获得更大运营投入，获得更高重视。

共享资源阶段，平台与主播在资源交互上更具有代表性。意见领袖主播在上一阶段中由风格固化形成的标签化主播形象，在该阶段会进一步转化为音频主播IP，这意味着意见领袖主播的影响力在音频领域发生质变，这会刺激更多平台用户进一步转化为主播的粉丝，也会刺激意见领袖原有的粉丝群体消费更多音频内容，成为音频领域的忠实用户。

除宣传推广类的资源共享外，蜻蜓 FM 音频平台还会与意见领袖主播共享大数据分析结果，通过平台擅长的算法分析，能将意见领袖成为主播后的具体表现通过科学的方式展现出来，还可以协助主播对内容和与消费者互动的模式进行有效调整，优化二者的合作方式。值得注意的是，平台提供的大数据分析结果仅仅局限于平台本身，意见领袖通常会在其他相关领域，对个人品牌的事业版图进行布局。

四、对接资源阶段

由于意见领袖本身自带一定的影响力与号召力，在入驻平台成为主播后，会将自身 IP 与粉丝流量一同带入音频平台。在成功推出音频内容后，主播将带有意见领袖影响力的商业品牌与社交品牌带入音频领域，该过程可以称为"对接资源阶段"。由于移动音频平台消费者的注意力资源是稀缺的，可能出现的问题是：一方面，意见领袖原有的营销影响力会因为平台主播规模的不断扩张，出现减弱或转移的情况；另一方面，意见领袖在与普通消费者互动过程中，可能因为个人品牌保障不足、消费者对知识信息需求提高等情况，粉丝群体对意见领袖能力认同减弱。在此阶段，音频平台可进一步发挥意见领袖个人品牌的商业化效应，以应对上述可能出现的问题。

在对接资源阶段里，平台与主播将共同促进个人内容产品风格的品牌化，不仅基于平台提供的资源推出与战略目标和内容定位相符的产品，更借助平台共享的技术和制作服务，给予消费者更加完善的消费体验，促进平台和主播向品牌化发展，将普通消费者对意见领袖的追随转化为他们对平台内容品牌的黏性和对主播原创品牌的黏性，再通过品牌塑造强化消费者对内容品质和个人能力的认同。以蜻蜓 FM 音频平台为例，意见领袖类主播的流量导入，可以助力平台用户规模的扩张，能加强平台在音频领域的权威性。粉丝对关键意见领袖的高度信任、相对忠诚和深度依赖，促使在关键意见领袖入驻平台后，粉丝与音频平台形成绑定关系，此种现象可称为关键意见领袖在音频平台上的"品牌化社交"。

此外，在社交品牌与商业品牌的共同作用下，音频直播带货成了新的发展趋势，具有了可操作性和市场的延展性。现阶段平台上形成的直播带货可分为两种，一种是基于音频节目内容的售卖，另一种是基于主播影响力和音频内容相关性的产品售卖。前者是在平台推动下，主播将自己的音频内容及其可视化产品开展限时优惠活动，包括但不限于音频专辑打折出售、内容书目的联名售卖等，在此情况下，关键意见领袖拓展了自己知识付费产品的内容渠道，音频品牌形象更加凸显。后者是借鉴电商经济的商业模式，与相关性较高的广告商合作，在音频直播中售卖广告产品，打开音频主播经济的新局面，这意味着意见领袖个人品牌在音频领域的成熟。

综上所述，通过对不同阶段意见领袖与音频平台之间资源交互的分析，研究团队发现，意见领袖在上述四个阶段逐步完成主播身份转化、主播标签化、主播 IP 化、主播品牌化的演化，而同时音频平台形成了识别资源的能力、具有辅助性质的整合资源能力、具有双赢性质的共享资源能力，以及对接资源能力。意见领袖进一步完善个人品牌的塑造和市场拓展，成为连接平台与普通消费者的关键节点，实现了交易、宣传、互动、维系等功能，"价值"平台与意见领袖分别发挥资源优势，真正实现了"共创"，这种资源和互动的双向交互促进，加强了企业的竞争优势和动态能力。

第三节　移动音频平台和平民中心与协同演化机制

相较于意见领袖类主播，平民中心类主播与平台之间的协同演化机制更具有同步成长性，演化过程有一定的差异。通过数据归纳分析发

第七章 移动音频平台与主播协同演化机制研究

现,在普通消费者发展成为平民中心主播的过程中,双向资源交互依然是协同演化及企业动态能力形成的重要动力。由于音频平台的用户普遍素质较高,平民中心主播依然具有异质资源,能获得用户的关注和赞赏,更加契合以"用户为中心"的互联网思维逻辑。同时,平台可以通过"付费门槛",将不同需求和具有不同兴趣的用户自动归类到相应的"知识社区"中,让垂直内容的用户黏性更强,吸引更多主播和用户参与高质量知识内容的分发与互动过程,进而形成价值共创生态和营销模式。从能力演化的特征来看,平台与平民中心类主播通过协同演化实现价值共创的过程主要分为三个阶段:筛选资源阶段、共享资源阶段、对接资源阶段,见图7-2。

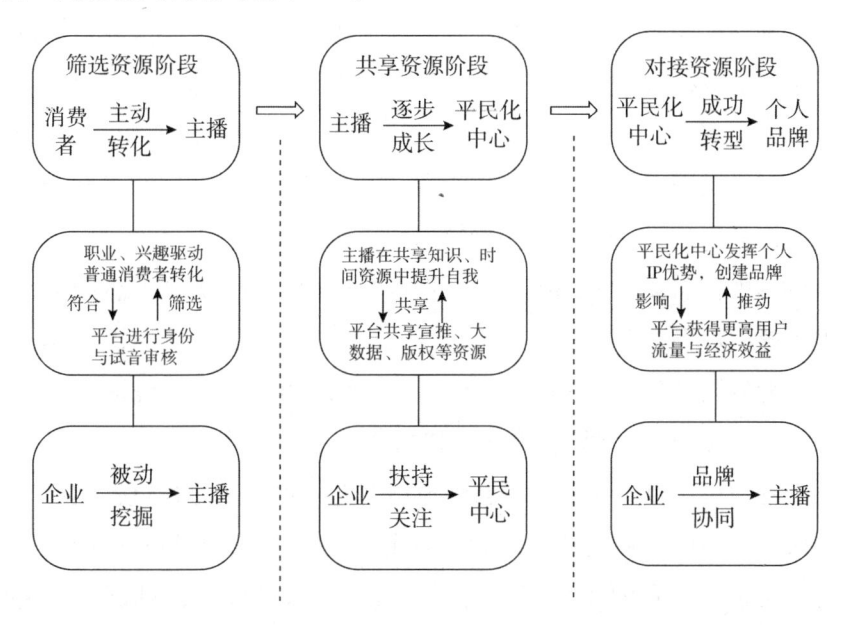

图7-2 平台与平民中心类主播通过协同演化实现价值共创的过程

一、筛选资源阶段

在成为主播之前,平民中心主播的身份是音频平台的普通消费者。随着移动音频平台和社交网络的快速发展,人们传统社会交往的线性模式被打破,"新媒体赋权"使"人人都有麦克风"的时代也随之到来。个体和群体在使用新媒体的过程中,完全能突破时间、空间、语言等障碍,收听音频节目往往使消费者产生强烈的代入感和参与感,他们在社交网络中的交往积极性也在不断提高。他们可以通过线上交流掌握音频知识和技能,密切交往关系,拓展网络资源,还可以获得更高的经济收益和情感认同,这成为普通消费者向平民中心主播身份转化的基础,他们在购买和收听音频产品后,会基于个人人际关系对周边人群进行分享和传播,甚至会对录制音频、分享个人作品产生兴趣,这些分享行为会对周边人群产生内容产品的营销效果。平民中心主播共享内容产品,大多是基于本人参与音频录制、分享音频的强烈意愿,通过自身的人际关系网络进行传播,既展示了个人技能和优势,又加强了个人社会关系网络。通过搭建社区网络增加好友推荐奖励机制,甚至通过内容分享、获取新客,实现分享赚钱,都将有助于平台和主播累积忠实用户。因此,这些具有平民中心特征的普通消费者,将他们拥有的基于个人社会资本产生的市场影响力,作为独特稀缺的异质性资源。

音频平台需要对平民中心异质性资源进行识别和开发。音频平台在扩大主播的规模过程中,需要重点发展和关注"草根"主播群体,这也是企业发展"PGC+PUGC"模式的必然选择。音频平台持续加大对"草根"主播的选拔和培育力度,包括传统电台主持人、电台主播、声优、配音演员、播客主等。平台开放给有意愿加入的主播进行注册,有意向成为主播的普通消费者能够主动注册主播身份,尝试录制内容,平台通常给予1个月的免费流量支持内容上线,测试内容价值和传播效果,吸引和积累粉丝用户。一般来说,由平民中心主播牵头的音频内容项目,从内容制作上线、建立流量渠道到实现转化效果,基本周期为3个月,验证主播的适应性以及音频内容和可行性,从而确认进入音频领域:成为平民中心主播。访谈调查结果显示,普通消费者转化为主播的影响因素包括职业和兴趣两方面。从职业方面来看,音频平台内的部分消费者会因为在音频平台之外从事过主持人、电台主播等相似职业，而转型至音频主播，即受职业驱动而选择成为音频主播。从兴趣方面来看，部分消费者因为个人对于音频录制的兴趣爱好而决定成为主播，包括对于评书艺术的热爱、对于闲聊故事的偏爱等，平民中心周围的消费者往往具有类似的爱好，如共同喜爱评书、故事节目等，他们将内容节目作为联系的纽带，在购买和互动交流过程中增强情感认同。正是由于职业与兴趣两种影响因素的作用，具有一定主播潜质或者对音频内容有着强烈热情的普通消费者有机会成长为平民中心。普通消费者在成为主播之前，相当于进行了一次自我识别和筛选。音频平台会针对该类准主播进行审核，包括身份审核与试音审核，逐步形成一种筛选机制，利用音频平台的专业化标准，寻找出更符合平台发展方向、更具有潜质的主播。同时，会对这部分主播建立专门的培育基金，专门投资并扶持有潜力的个人和团队。但是，在访谈中，研究团队发现平民中心主播依然存在培训支撑不足的问题，个别主播在访谈中认为播音的基本功训练还比较欠缺，音频制作、口语表达、发音咬字、演绎能力、节目风格等方面的专业水准仍然需要提升，迫切需要进行专业化的培训，以便能适应团队音频内容节目制作的要求。在这一阶段，通过对普通消费者拥有的异质性资源进行识别、分析和筛选，平台具有了识别资源的能力，这些平民中心主播也成为平台与消费者联结的重要节点。普通消费者主动入驻平台并通过相关审核后，仅仅成为平台主播，距离成长为平民中心，还需要经历共享资源阶段与对接资源阶段。

二、共享资源阶段

与意见领袖类主播不同，在平民中心主播的演化过程中，资源整合与资源共享相互融合，准确来说，主播是在共享知识、技能等资源过程中不断进行资源整合。在初入平台阶段和与平台建立合作后，主播运用现有的知识储备，从自身优势出发，确定初期节目内容基本类型与近期发展方向，成为联结平台和普通消费者的个人化交易媒介。①

新人主播往往会通过收听头部主播节目内容积累经验，尽可能地提升音频内容的专业程度，用声音创作故事、传播观点、传播知识，逐步积累粉丝、成就感，进而获得IP项目增值、实现内容变现的机会。在熟练掌握音频内容制作流程后，多数新人主播会着手整合内容制作过程中所需的对象性资源，即组建团队，少数主播坚持"单打独斗模式"，制作音频内容节目完全依靠自身的努力。通过初期尝试与摸索，多数新人主播会找到固定的制作人帮助自己完成内容制作，然而这些制作人尚未形成团队化协作模式，之后一部分主播会将团队组建停留在形成固定制作人的层面上；另一部分主播会进一步组建专注于为自己服务的制作团队，从前期策划到后期呈现，由团队协作共同完成。组建团队与主播制作并上传内容两项工作同步进行，新手主播始终保持与平台共享音频内容成果，内容质量也会随着团队专业度增强而有所提升，这是平民化主播入驻平台初期，并建立资源交互基础的过程。

对音频平台来说，主播是核心资源，从普通主播中培养出具有一定影响力的优质主播是音频平台战略发展关注的重点。在共享资源阶段，平台会向平民中心主播提供更多的组织资源，与其建立更深入的交互关系。在扶持主播方面，当平台发现一些主播的内容具有精品化潜质时，会与主播共享部分内容的改编版权、宣推资源以及大数据分析结果。例如，蜻蜓FM与中文在线战略签约，取得中文在线旗下17K小说网和四月天小说网的数字作品授权，音频平台会给有潜力的有声书主播提供适合的小说版权资源，让主播在一定可选范围内进行选择；喜马拉雅FM启动残疾人赋能计划，与9个省份残联联合主办互联网残疾人主播培训

---

① 秦宇，CAI A L, ADLER H. 交织混合型战略：一个多案例研究的发现[J]. 管理世界，2010（10）：135-157, 188.

班，培训 1100 余人，让 100 余人成为平台签约主播，拓宽主播群体的选拔和培养路径。同时，平台还为主播开放更多的技术权限，主播可以通过个人 APP，查看个人内容的分享动态和营销数据，包括点击量、购买量、转化率等，这些大数据分析结果会实时与后台同步，成为平台进一步给予主播发展建议和对营销效果进行评估的依据，这些数据信息能帮助平台更好地面向主播共享企业资源，尤其在主播进入平台初期时，给予一定的宣传和流量支持，提高主播曝光度，以支持主播成长。与此同时，主播与节目内容的风格也是在一次又一次的内容制作运营过程中逐步确定的，参考因素主要是主播自身定位以及听众反馈，从而使主播形成鲜明的个人特色。当主播的节目内容达到一定级别的播放量，且具有一定规模的忠实听众时，主播便转化为音频平台上的平民中心，形成了一定的粉丝号召力。相较而言，同样是具有粉丝号召力的音频主播，平民中心要远比意见领袖更接近粉丝群体，更容易与粉丝形成亲密的朋友关系。

在此阶段，资源交互方式向平民中心的资源共享转变，随着平民中心异质性资源的共享，平民中心自带的"草根"属性，拉近了粉丝与主播之间的距离，平台的营销重心更加贴近普通消费者的需求，这些主播提供的音频内容在垂直细分领域更受欢迎。换言之，平台通过与平民中心主播的协同演化，让平台进一步形成了共享资源的动态能力。

三、对接资源阶段

在平台的激励下，新手主播转变为平民中心后，可以进一步形成个人品牌，充分发挥自己在音频领域的 IP 优势，形成品牌效应。例如，有声书主播可以创办声优机构，聚集音频行业人才；平民中心主播可以转换身份，以企业合作者的身份向平台输送音频人才；财经类主播可以利用自己的专业学识围绕内容产品主题打造电商经济，开发或销售相关的衍生产品，延长内容节目的产业链。以平台为基础，以制作音频内容为事业核心，将单一的内容转变为电商事业版图中的重要营销渠道，使音频内容制作与新媒体平台的宣传形成一种品牌协同效应。"Q8.我们要实现品牌协同作用，每个人收听习惯不一样，有人喜欢公众号，我们就开了公众号，把我们一些对商业的观察和关于主讲的内容做了文字化处理发布，满足用户保存需求，还可以作为内部培训教材。"主播从平民中心类主播转型成立个人品牌，增强了主播自身的品牌效应，实质上离不开音频平台的资源支持。在对接资源阶段，音频平台也提供一定的宣推资源，帮助主播的同时实现共赢，平台因为主播品牌效应的增强，会获得更多的用户流量、更高的经济效益，实现为平台引流的效果。在此过程中，平台和平民中心主播都做出了适应性调整，平台在转变角色，提供并让渡了部分资源给平民中心主播，支持他们与消费者的交流活动，构建社群空间，交流活动本身能促进音频内容产品销售，将会直接体现在主播的销售量和点击量等数据信息上，这也是平台评估互动效果的一种方式。主播也在逐步转变身份，既与消费者进行交流沟通，也在发掘进一步营销推广的可能，承担起了连接企业与普通消费者之间的个人化交流媒介的角色。

第八章

加强音频平台价值共创和营销能力的对策研究

第一节　音频平台协同演化动态能力和价值共创模式机制

以移动音频为代表的知识付费平台的快速发展，拉近了互联网企业与消费者之间的距离，使音频内容的传播更加广泛和便捷，主播与消费者、消费者与消费者之间的资源交换和沟通交互方式发生了根本性改变，对未来知识付费产业的发展创造了更多的空间和挑战。尽管现有研究对服务主导逻辑下企业与消费者的价值共创进行了系统研究，但是对于知识付费类企业音频等内容产品价值交换机理和价值共创模式的探讨仍显不足，本书聚焦于移动音频企业从内容产品价值创造向平台价值共创演化的过程，通过企业与消费者之间持续的协同演化，形成知识付费型企业的动态能力和竞争优势。现实中，企业难以与所有消费者建立起如生态合作伙伴一般的互动合作关系，也并不是所有主播都会成长为企业与消费者之间的媒介，通过案例研究发现，企业主要与关键意见领袖和平民中心等特殊消费者进行合作，以影响普通消费者的互动方式进行内容生产和营销模式创新。基于此，本书建构了移动音频平台价值共创演化机制的理论框架，见图 8-1；提出了平台演化和营销机制的三个阶段的具体内容，见表8-1。

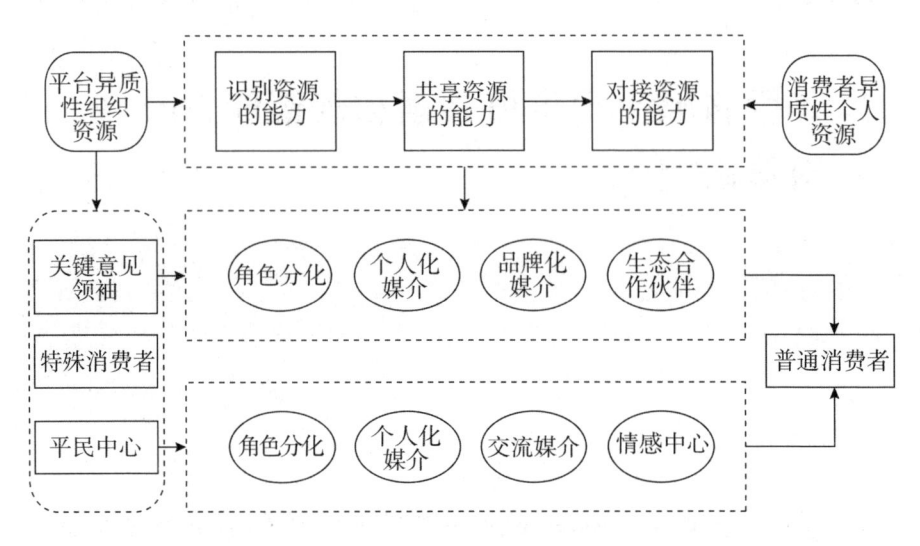

图8-1 音频平台与关键意见领袖、平民中心协同演化动态能力和价值共创模式机制

表8-1 移动音频平台演化的核心逻辑和阶段性内容

阶段	平台发展初期	平台整合阶段	平台生态圈阶段
企业特征	整合网络电台资源，以内容产品运营为核心	建立平台体系，以平台整合为核心	通过价值共创和协同演化，以构建生态圈为核心
战略目标	扩大网络电台的频道和内容节目，作为企业的竞争优势	完善内容产品的产业链，加强与上下游利益相关者的合作，搭建平台体系	处于移动音频内容生产创新的核心地位，吸引平台利益相关者的广泛参与
能力逻辑	建立组织结构、以产品为核心的内容生产模式，尝试互联网营销模式，形成相对稳定的客群，组织具有一定的动态能力	整合企业内外部资源，动态识别和适应市场机会，以大数据技术为基础，建设数字化平台，利用数据信息提升平台动态能力	构建商业生态圈，形成资源共享和内外部协调合作的动态能力，与主播、消费者进行网络化社群化协同合作
价值创造逻辑	以互联网企业管理思维，整合内容产品资源，建立企业核心竞争优势，面向消费者提供音频内容产品价值	强化平台定位和角色，通过内外部核心资源的优势，吸引和扩大主播核心群体，建立企业和消费者的连接与交互模式	基于生态圈进行资源交互和共享，通过共享资源，将价值提供和创造贯穿生态圈建设的各个环节，形成可持续的企业动态能力

160

第二节 价值共创模式下音频平台加强营销能力研究

一、资源基础

从音频平台的协同演化动态能力和价值共创模式分析来看，平台和消费者的异质性资源是双方合作与共创的基础。只有平台与消费者拥有的资源被重组和整合，才能产生最大化价值，才能对普通消费者产生营销影响。具体而言，采取以下对策。

（一）强化群体交互

平台要基于社交网络开展知识分享和信息传播活动，最大限度地吸引消费者群体的进入，树立明确的平台定位，促进形成社群。在知识付费平台中，社群是普通消费者获取信息知识、建立情感联系、强化平台认同的基本单元，将普通消费者培育成特殊消费者的"主阵地"。消费者的广泛参与，可以使部分拥有资源、能力、魅力的消费者成为平台的合作伙伴，消费者的个人资源也是企业扩大市场边界，增强企业核心竞争力的关键，消费者的兴趣偏好也会倒逼知识付费平台随时就内容开发和营销策略进行调整，因此要突出消费者在价值共创和音频内容生产中的重要地位，增强知识社群的吸引力，强化平台与消费者群体之间的交互关系，形成价值共创的生态系统。

（二）加强实时交互

不同于其他一般产品属性，音频内容产品的最重要特征之一就是伴随性，在互联网背景下消费者能够实时与平台对接，互联网场景是知识付费运营模式和营销模式的"底层逻辑"，算法应用和大数据技术架构对音频平台的技术条件提出了更高要求，持续提高平台应用的便捷性、广泛性、移动性。音频平台要实现技术创新和场景化发展的重要目标，最终要促进形成线上、线下相结合的内容生产，以及资源对接的良性循环模式。实时对接意味着平台与消费者的异质性资源可以进行充分整合和交互，既可以对版权IP资源进行创作、二次开发等，也可以打造周边文创产品、开发音频设备等，拓展产品布局，促进销售；通过加强营销合作、与战略伙伴的联系，最大限度扩大利益相关者范围，进而实现全流程化的内容生产和全覆盖的场景化构建。

平台要对内容进行把关，保证内容质量，维护形象。一要树立版权意识，严格遵守著作权法等相关法律法规，维护内容版权方的合法权益，与内容生产者形成良性互动，维护价值共创的合法秩序。二要完善违规内容治理机制，针对内容低俗、内容侵权、内容虚假、恶意竞争等问题加大整治力度，强化相关平台规范化制度建设，营造清朗的网络环境，为主播提供公平、合理的内容生产平台，为用户创造优质的平台使用体验。三要实现内容推送精准化，运用大数据技术，识别每个用户的平台使用习惯和内容偏好，为用户制定差异化内容推荐。在内容推送过程中，既要"投其所好"，使内容符合用户需求，又要避免"千篇一律"，让用户桎梏于"信息茧房"中产生审美疲劳。

（三）促进资源共享

资源共享和对接是企业价值共创的基础。知识付费企业通过构建资源整合和信息共享平台，可以促进企业与消费者的资源共享发展，进而创造新价值。一方面，对知识付费企业来说，整合和重构不同资源本身也是企业共创发展的一种形式，平台中的资源共享是企业获取外部资源的方式，平台应抓住内容生产的契机，推动内容结构和商业模式的优化发展；另一方面，消费者可以通过充分的资源共享，获得更多的知识和技能信息，提高各类垂直内容产品的附加价值，建立情感认同和与主播之间的联系，为平台与消费者之间的合作提供更多实现商业创新和营销发展的可能性，共同推动优质节目的发展，优化平台的内容结构，提高用户的忠诚度。

二、动态能力

互联网情境下，音频企业的动态能力是竞争优势的基础，企业通过动态能力发展进行资源整合和重新配置，不断适应外部环境的变化和竞争，因此协同演化动态能力是平台与主播实现价值共创、创新内容产品、平台引流等的关键。音频企业的协同演化动态能力可以分三个阶段进行强化。

（一）识别资源的能力

当前，随着平台经济的持续发展，同类平台间的竞争日趋激烈并呈现出新的竞争内涵。由于互联网具有能以低廉成本聚集大量用户的特征，为避免同质化引起用户外流，平台要具备明确的价值主张，企业的价值主张和发展战略直接决定了平台的运营与营销模式。要根据自身定位、目标消费者、市场前景等因素制定差异化发展战略，根据宏观市场环境与微观消费者需求精准投放内容产品，培育自身与竞争者的差异点。在战略规划的制订中，平台要兼顾运营战略与品牌战略，在谋求更大经济利润的同时注重社会效应，为多方主体共同参与实现价值共创奠定基础。因此，要明确平台价值主张，制定差异化发展战略，差异化战略应贯穿平台运营活动全过程，将长期战略与短期规划相结合。

音频企业与消费者分别拥有的互补性异质资源是双方建立合作，实现价值共创的基础。消费者参与价值共创，推动协同演化，使企业与其关系发生改变；消费者获取个性化、高质量知识和技能信息的成本更低，企业获取信息的方式也随之发生改变，因此平台要加强对资源及其价值的识别和获取，通过加强合作互动，形成识别和利用知识信息的组织能力，形成内容发展和推广策略，进一步巩固移动音频平台的盈利模式，提升自身的竞争力。

（二）共享资源的能力

音频企业与消费者之间的交互作用，体现在对异质资源的共享上，而不是在单方面对资源的占有和利用上。通过平台与消费者双方的交互影响，充分整合利用互补性异质资源，进而实现资源利用的最大化效益。平台应为主播与粉丝营造良好的互动环境。在主播与粉丝进行互动的过程中，平台要发挥资源优势为主播与粉丝创造互动机会，例如，定期举办节日展、粉丝见面会等活动，帮助主播联系宣推活动，在多媒体平台上进行宣传等；要维护好互动秩序，兼顾主播收益与用户权益。值得一提的是，平台与特殊消费者的协同演化，能帮助企业提升对外部环境动态调整的能力，这种能力将会持续作用于企业发展战略和营销模式，同样地，平台与消费者也在共创价值的过程中，进一步拓展资源范围，提升双方共享资源的能力，进而实现竞争优势的持续优化。

（三）对接资源的能力

面对市场变化和消费者对内容产品偏好的需求，平台应深耕主播内容产出，完善内容运营机制，音频企业平台和主播应对各自拥有的资源进行适应性调整，重新整合双方现有资源，拓展各自的资源范围，强化对资源的利用和支配，促进价值变现。平台要构建优质主播生态，为主播提供资源，激励主播创作优质内容产品，进而实现双方资源利用效率的再次提升，这是实现新的内容生产和营销模式的关键，也是双方可持续共赢的核心。

三、路径选择

平台与主播之间的互动合作，可以将特殊消费者拥有的资源和信息与平台对接，这种价值共创的过程，有利于培育更丰富的原创内容、提升主播的合作能力、加强主播与粉丝之间的交流和营销、更大范围地拓展消费者群体，提高消费者的忠诚度。主播是音频平台最重要的特殊消费者。图8-1表明，平台既与关键意见领袖主播合作实现协同演化，也与平民中心主播合作提升共创能力，主要取决于各类主播的能力信任类型不同，两种路径成为音频平台战略发展、营销转型、生态合作伙伴对接的主要发展模式。

在关键意见领袖主播方面，他们本身拥有较强的专业技能和经验优势，消费者基于对他们的能力信任，在个人缺乏专业知识，并且渴望从轻量化的音频内容中获得知识和信息的时候，通常愿意选择专业人士提供的培训和辅导，这是音频企业将战略重点放在培育知名大V，并与各行业具有一定知名度的专业人士合作的根本动因。平台与关键意见领袖之间的共创合作，可以借助关键意见领袖自身的知名度，快速实现引流和相关内容产品的推荐。需要指出的是，在长期的合作互动中，音频企业要持续协助关键意见领袖进行内容产品的深度开发，促使关键意见领袖逐步将其专业知识、技术资源和经验转化为内容产品与服务，通过与企业共享和对接资源，培育个人品牌，实现产品创新，进而开展品牌化和差异化营销，关键意见领袖将在此过程中快速成长为音频平台的生态合作伙伴。总之，平台与关键意见领袖主播价值共创的过程，使他们具备了持续向普通消费者输出知识服务、提供内容产品、传递企业形象的能力。普通消费者基于对关键意见领袖主播的能力信任，与平台建立更加稳固的消费关系。这种互动过程，充分表明关键意见领袖主播是音频平台重要的合作伙伴，企业在精品化、专业化战略发展过程中，可以借助发展和培育意见领袖群体，实现内容创新和营销转型。

在平民中心主播方面，他们从普通消费者群体发展而来，在用户规模逐步扩大的情况下，他们与用户建立起了共同的身份属性和情感共鸣，以情感主播、传统艺术主播等类型为主。普通消费者对于平民中心主播的需求主要是基于对他们的身份认同和情感认同，不同于获取知识和信息，消费者主要通过音频内容、充满想象力的情节和氛围，与平民中心主播建立情感信任。情感信任的基础是感性化的音频内容、能够引起共鸣的文化认同，以及主播与粉丝之间通过长期沟通形成的交互关系。本书发现，并不是所有主播都重视与普通消费者之间的频繁沟通，而这正是平民中心主播与普通消费者建立交易媒介的主要方式，因此，音频平台还需要激励和促进主播交流，提高他们与普通消费者互动性交流的奖励比例，通过内容创新、粉丝群体运营等方式，持续增强平民中心主播与普通消费者之间的情感信任。音频企业要通过场景建设和硬件设备拓展，打通与各类企业之间的联系，构建全时空、全流程化的传播矩阵，提高音频内容的触达率。通过再造平台流程机制和设计人性化的操作系统，促进平民中心主播与普通消费者之间数字化的情感沟通和功能联系，吸引更多平民中心主播将其与普通消费者的交流平台构建、转移或嫁接到音频平台上，立足于平台自身满足用户社会性和互动社交需求，实现为平台引流的同时，更好地维护粉丝群体，推动和加深主播与用户之间的情感链接。面对相对固定的目标群体，平台的营销将更加精准化，消费者黏性也会得到增强，有利于拓展平民中心主播的培养范围，进一步巩固音频平台在业务拓展和主播人才储备方面的优势。

第九章

结论与研究展望

第一节 主要结论

随着平台经济和共享经济的快速发展，知识付费企业在经济社会、文化传媒等领域发展中的角色和重要性更加凸显。本书的研究重点在于对价值共创过程和机理的分析，通过大规模的访谈，运用完整性、系统性、连续性的案例研究作为支撑，采用案例研究法与扎根理论，选择两个平台性的企业作为研究对象，通过纵向的案例研究，进一步深化对知识付费型企业在价值共创机理方面的研究成果，了解企业运作方式，主要架构关键模块和未来的实践路径。运用归纳法，提炼出企业与消费者共享和互动的内容生产模式。运用演绎法，从理论逻辑和实践需求上，总结知识付费企业营销的传播规律、核心原理、发展方向和激励机制。

本书通过对知识付费平台价值共创基本规律的深入研究，创新性地构建了系统的企业与消费者互动共生共赢的发展模式，不仅是对平台经济下知识付费企业治理研究不足的弥补，而且能从整体上为促进内容产品的营销和传播提供新的思路与借鉴，在一定程度上深化了相关研究成果。

第二节　理论贡献

现有服务主导逻辑理论从不同角度分析了企业与消费者价值共创的思想，但对传媒类企业，尤其是知识付费平台型企业的价值共创内容生产和营销模式缺乏系统研究。现有的动态能力理论正在转向企业与消费者通过互动获取和共享资源的研究，对价值共创情境下知识付费类企业商业模式的研究成果较少，对企业与特殊消费者、普通消费者之间资源交互机制的探讨不足。本书通过对移动音频两家头部企业进行案例分析研究，结合数字经济时代的发展特征，以及知识付费内容产品生产机制的变革，从协同演化视角，重点研究了移动音频企业与主播、普通消费者之间价值共创的演化过程和机制，对互联网情境下知识付费类企业推动内容生产和营销创新的理论框架进行了探索性研究。本书的理论贡献主要体现在以下四方面。

第一，综述价值共创研究的理论脉络、研究热点和发展趋势。本书基于 2004—2021 年国外价值共创研究文献，采用文献计量方法，运用 CiteSpace 软件绘制知识图谱，通过共现分析、共被引分析、聚类等，厘清了各国研究机构、核心期刊等对价值共创领域的贡献。现阶段价值共创理论体系日趋成熟，各主题之间渗透交叉，形成了较为完善的研究网络。在此基础上，本书归纳了价值共创领域的研究重点，从横向、纵向两个角度，归纳了价值共创的前因、实施、结果和情境因素，从个人、组织、行业、社会等不同层面研究了互动参与的形式和价值传递过程，并对核心作者、关键文献、研究热点进行了综述，总结了价值共创发展各阶段、各方向的研究重点，为后续针对知识付费平台的价值共创研究提供了方向和建议。

第二，拓展和深化了企业价值共创的研究，与现有针对知识付费类企业商业模式的研究不同，本书主要从价值共创理论角度出发，对移动音频企业与消费者互动过程进行探索。企业与消费者进行互动的基础是双方各自拥有互补性的异质性资源，资源的交互和分享是企业与消费者价值共创营销的根本，由此提供了知识付费领域企业与主播、主播与普通消费者之间交易合作、内容共享、建立能力和情感认同的资源基础。这不仅丰富了现有的数字化企业资源管理研究，还为传媒行业重塑企业边界与内容产品边界，并以此为基础开展内容产品创新的相关研究提供了新的分析视角。

第三，延伸和创新了知识付费企业治理研究，与现有企业与消费者互动创新研究提出的演化逻辑不同，本书将服务主导逻辑中企业与消费者交互作用思想融入企业动态能力研究，指出移动音频企业与主播合作演化形成协同演化动态能力，主要由识别资源、共享资源、对接资源等步骤构成，这是推动企业基于价值共创开展营销创新的能力基础，对企业动态能力的形成逻辑有了更加丰富的认知。具体而言，企业高度重视主播群体发展，将主播作为企业与消费者互动联系的个人化媒介，企业通过信息收集、资源共享和多主体参与的方式，持续加强对不确定性环境和用户群体偏好的调查分析能力，这是移动音频企业在动态能力发展上区别于传统企业的显著标志，意味着企业与消费者之间能通过协同演化实现价值共创，丰富了知识付费企业转型能力的理论。同时，对移动音频企业应对环境变化产生的动态能力进行系统研究，还能丰富服务主导逻辑的研究内容，指出服务主导逻辑在知识付费领域实现研究创新的理论方向。

第四，丰富和完善了平台与主播价值共创协同治理的相关理论，与现有针对知识付费类企业内容生产创新的研究不同，本书通过案例分析，归纳出企业与两类特殊消费者协同演化的过程机制。一是移动音频企业与关键意见领袖主播合作构建交易媒介，通过关键意见领袖主播自身的魅力和专长，吸引普通消费者的能力信任，进而影响普通消费者的购买决策；二是移动音频企业与平民中心主播合作，构建交流媒介，通过平民中心主播自身的口碑和粉丝积累，拉近与粉丝的距离，提升消费者的情感信任，进而促成普通消费者的购买决策。两类主播不同的价值共创路径和成长机制，是音频内容生产多样化和开展营销创新的关键。这一研究结论为探索数字经济时代传媒企业主播群体培育、内容产品创新等议题，提供了意见。

第三节　实践意义

在数字经济时代，知识付费平台的竞争日趋激烈，企业要面对来自外部环境的不确定性挑战，如何识别和发掘特殊消费者，如何借助消费者的异质资源，如何与消费者合作共创价值，提高企业的竞争优势，都是知识付费企业实现差异化经营、进一步扩大企业规模面临的发展难题。本书为知识付费类企业进行内容生产创新、提升企业动态能力建设，提供了以下三方面的启示。

第一，人工智能、5G、大数据技术等应用为知识付费企业丰富内容和拓展市场范围提供了大量的应用场景，音视频越来越多地连接到游戏、APP、电子书等数字产品服务中，在智能音箱、3C等实体产品中的应用也愈加广泛，知识付费领域的场景革命正在持续推进。技术创新将引发传媒产业结构和竞争格局的深刻变化，知识付费企业和行业的边界正在不断模糊、拓展，平台型企业与消费者协同共创价值的作用会进一步凸显，是促进双方从现有资源到商业价值转换的关键步骤。对此，企业需要不断与消费者进行互动沟通，重塑内容产品的内容边界，通过将主播逐步培养成为平台生态合作伙伴，汇集多主体的共同智慧，提升内容产品的适应性和创新性，这是知识付费企业不断提升核心竞争力、创造新价值的必然选择。

第二，知识付费企业需要根据内容产品的销售趋势和普通消费者的需求信息，选择合适的特殊消费者开展合作，合作内容既包括原创的内容节目，也包括主播与消费者之间的互动和交流，能帮助企业找到营销痛点。比如，对于历史知识类内容产品，企业应选择意见领袖形成的能力信任，因为这类内容产品的研发需要具有较高的专业水准和艺术鉴赏力，意见领袖可以引导和帮助普通消费者做出购买决策，其本身就具有一定的品牌营销效应。对于情感类节目，企业需要能进行情感交流的主播，所以本身具有情感信任和固定粉丝基础的平民中心更适合情感类节目的创作与传播，有利于促进消费者对内容产品和主播的信任转化。

第三，知识付费企业在与关键意见领袖主播、平民中心主播合作时，需要建立长期稳定的合作机制，异质资源是企业与主播实现价值共创、合作共赢的基础，企业应持续与主播群体进行资源对接、资源提供、资源分享。比如，有声书版权的提供和大数据信息的共享，都是企业与主播进行资源共享的方式，以促进主播的快速发展，因而知识付费平台对主播的培养机制仍需进一步健全，帮助主播通过线上和线下平台与消费者进行充分沟通及互动，传递企业内容产品的品牌价值。鉴于此，企业需要重视内容产品的市场定位和创新优势，将培育主播和内容生产多样化、专业化、精品化发展作为重要的战略方向，清晰了解用户的需求变化和内容产品的成功规律，持续巩固"以用户为中心""以数据为核心"的企业创新文化，形成企业与消费者协同演化的发展战略。

第四节 局限与未来研究展望

本书通过理论分析和案例分析，揭示了知识付费平台价值共创演化机制和发展模式的研究框架，以质性研究为基础，阐述了音频内容的产品特性，生产机制和创新逻辑，展现了平台与消费者、消费者与消费者之间的互动模式，归纳了知识付费企业营销创新的关键因素和路径，但本书仍存在一些局限，期待后续研究可以从以下几方面进行补充和完善。

第一，由于本书选取的是知识付费领域的移动音频平台，其商业模式和内容产品服务具有鲜明的传媒行业特征，企业与普通消费者、关键意见领袖主播、平民中心主播的价值共创模式也不尽相同，不同于一般互联网企业和其他行业的企业特征，需要在未来的研究中增加对其他行业或传媒行业其他类型企业的拓展研究。未来研究可以对价值共创的研究范式进行更全面的刻画和探索，丰富实证检验的成果。

第二，本书主要针对两家移动音频的头部企业进行研究，知识付费领域的内容形式和商业形态比较丰富，虽然选取的是具有代表性和典型性的标杆式企业，但是没有充分探讨知识付费领域的其他企业案例，对其他企业商业模式的描述不够细致，对知识付费企业价值共创的影响因素的探讨还不够深入。未来还需要结合案例研究，进一步分析知识付费领域其他企业文化、组织架构、治理机制、合作方式等因素对价值共创发展的影响，以及针对不同类型的内容产品，探讨互动演化机制下进行产品创新和营销创新的路径。

第三，本书主要调研了企业方的管理人员和具有代表性的主播群体，对普通消费者、关键意见领袖主播、平民中心主播的调研不够充分，数据收集的数量和质量还需要进一步提升，未来研究仍需要进一步拓展和检验。本书重点分析的是企业与特殊消费者之间的互动变化，没有测量影响普通消费者购买效果和因果关系的实际绩效，由于资源限制，未来研究可以通过大样本的问卷跟踪调查等方法，分析知识付费平台型企业在不同阶段价值共创的机理和演化规律，进一步探寻平台性企业价值共创的前置影响因素和调节因素，评估价值共创的实施效果和价值效应，以便完善知识付费平台价值共创理论，优化、细化价值共创管理的研究范式，这是本书的不足和今后需要努力的方向。